教育部人文社会科学研究青年基金项目（编号：17YJCZH162）资助

美丽乡村建设背景下苏南传统村落文化资源保护与开发研究

王 浩 著

MEILI XIANGCUN JIANSHE BEIJINGXIA
SUNAN CHUANTONG UNLUO WENHUA ZIYUAN BAOHU
YU KAIFA YANJIU

河海大学出版社

·南京·

图书在版编目(CIP)数据

美丽乡村建设背景下苏南传统村落文化资源保护与开发研究 / 王浩著. -- 南京：河海大学出版社，2019.12
ISBN 978 - 7 - 5630 - 6183 - 9

Ⅰ. ①美… Ⅱ. ①王… Ⅲ. ①村落文化－资源保护－研究－苏南地区 ②村落文化－资源开发－研究－苏南地区 Ⅳ. ①K295.3

中国版本图书馆 CIP 数据核字(2019)第 249297 号

书　　名	美丽乡村建设背景下苏南传统村落文化资源保护与开发研究
书　　号	ISBN 978 - 7 - 5630 - 6183 - 9
责任编辑	龚　俊
特约编辑	梁顺弟
特约校对	卞月眉
封面设计	徐娟娟
出　　版	河海大学出版社
地　　址	南京市西康路1号(邮编:210098)
网　　址	http://www.hhup.com
电　　话	(025)83737852(总编室)　(025)83722833(营销部)
经　　销	江苏省新华发行集团有限公司
排　　版	南京布克文化发展有限公司
印　　刷	虎彩印艺股份有限公司
开　　本	787毫米×1092毫米　1/16　10.75印张　241千字
版　　次	2019年12月第1版　2019年12月第1次印刷
定　　价	68.00元

前言

党的十八大报告中提出美丽中国的宏观发展战略，2013年中央一号文件明确指出要推进农村生态文明建设，包括加强农村生态建设、环境保护和综合整治，努力建设美丽乡村。

美丽乡村是新时期党和国家推进农村发展的重大举措，传统村落作为农村的范畴之一，是美丽乡村建设的应有之义。美丽乡村和传统村落具有紧密的内在联系，美丽乡村为传统村落的保护和发展带来了新活力，传统村落的保护与发展又丰富了美丽乡村的建设内涵。

随着城镇化的推进，传统村落的数量正在逐年缩小，传统村落的文化正在渐渐消失。为了更好地保护传统村落，从2012年到2019年，住建部等七部门陆续公布了五批中国传统村落名录，总计6 799个村落被列入保护范围。

江苏传统村落众多，数百个传统村落分布在苏南地区，其中中国历史文化名村11个，中国传统村落26个。苏南传统村落分为传统建筑文化型、生态文化景观型、乡土民俗文化型、传统商贸文化型、历史名人文化型、革命历史文化型六种类型。

苏南传统村落文化资源主要有物质和非物质两种形态，物质形态的文化资源指的是传统村落周边的原生态自然风光，如山川河流、地形地貌等，以及传统村落的民居建筑、街巷空间、历史遗存等，非物质形态文化资源一般指的是传统村落的民风民俗、风土人情、名人文化等。

本书分三个部分，共十四章，各章的主要内容如下：

第一章绪论，主要介绍研究背景与意义和研究现状等。第二章苏南传统村落概述，主要介绍苏南传统村落的历史演变、区域分布、基本类型、主要特征等。第三章苏南传统村落文化资源概述，主要介绍苏南传统村落文化资源的构成与基本特征以及苏南传统村落及其文化资源的价值评估。第四章苏南传统村落文化资源保护与开发概述，主要介绍苏南传统村落文化资源保护与开发现状。第五章至第十二章立足文化资源的类型与研究角度，将苏南传统村落文化资源分为建筑文化资源、生态文化资源、名人文化资源、红色文化资源、民俗文化资源、商贸文化资源、农耕文化资源、影视文化资源八种类型进行分章论述。第十三章苏南传统村落文化资源保护与开发案例研究，选取常州市15个典型性传统村落进行研究。第十四章，传统村落民俗文化资源保护与开发——以杨桥捻纸为例进行研究。

本书是在作者主持的 2017 年度教育部人文社会科学研究青年基金项目"美丽乡村建设背景下苏南传统村落文化资源保护与开发研究"(编号:17YJCZH162)基础上撰写而成。本书从历史学、考古学、民俗学、社会学、文化学、建筑学、艺术学、规划学、旅游学、管理学等多角度,从文化内涵对传统村落文化资源保护与开发的作用以及文化资源保护与开发关系的处理层面上开展研究,重视传统村落物质文化资源与非物质文化资源的共同保护与开发,以苏南传统村落文化资源为基础,探讨美丽乡村建设背景下苏南传统村落文化资源的保护与开发。

王　浩

2019 年 8 月

目录

第一部分 基本分析

第一章 绪论 …………………………………………………………………… 002
  一、研究背景 ………………………………………………………………… 002
  二、研究意义 ………………………………………………………………… 002
  三、研究现状 ………………………………………………………………… 003

第二章 苏南传统村落概述 …………………………………………………… 006
  一、苏南传统村落的历史演变 ……………………………………………… 006
  二、苏南传统村落的区域分布 ……………………………………………… 009
  三、苏南传统村落的基本类型 ……………………………………………… 013
  四、苏南传统村落的主要特征 ……………………………………………… 019

第三章 苏南传统村落文化资源概述 ………………………………………… 022
  一、文化资源概念及其分类 ………………………………………………… 022
  二、苏南传统村落文化资源的构成与基本特征 …………………………… 022
  三、苏南传统村落文化资源的价值评估 …………………………………… 051

第四章 苏南传统村落文化资源保护与开发现状概述 ……………………… 060
  一、苏南传统村落文化资源保护现状概述 ………………………………… 060
  二、苏南传统村落文化资源旅游开发现状概述 …………………………… 064

第二部分 保护与开发主要类型研究

第五章 美丽乡村建设背景下苏南传统村落建筑文化资源保护与开发 …… 068
  一、苏南传统村落建筑文化资源概述 ……………………………………… 068

二、苏南传统村落建筑文化资源保护与开发现状 …………………………… 070
　　三、苏南传统村落建筑文化资源保护与开发的模式 ………………………… 071
　　四、苏南传统村落建筑文化资源保护与开发的对策 ………………………… 074

第六章　美丽乡村建设背景下苏南传统村落生态文化资源保护与开发 …………… 076
　　一、苏南传统村落生态文化资源概述 …………………………………………… 076
　　二、苏南传统村落生态文化资源保护与开发现状 …………………………… 078
　　三、苏南传统村落生态文化资源保护与开发的模式 ………………………… 079
　　四、苏南传统村落生态文化资源保护与开发的对策 ………………………… 082

第七章　美丽乡村建设背景下苏南传统村落名人文化资源保护与开发 …………… 084
　　一、苏南传统村落名人文化资源概述 …………………………………………… 084
　　二、苏南传统村落名人文化资源保护与开发现状 …………………………… 086
　　三、苏南传统村落名人文化资源保护与开发的模式 ………………………… 088
　　四、苏南传统村落名人文化资源保护与开发的对策 ………………………… 091

第八章　美丽乡村建设背景下苏南传统村落红色文化资源保护与开发 …………… 093
　　一、苏南传统村落红色文化资源概述 …………………………………………… 093
　　二、苏南传统村落红色文化资源保护与开发现状 …………………………… 095
　　三、苏南传统村落红色文化资源保护与开发的模式 ………………………… 096
　　四、苏南传统村落红色文化资源保护与开发的对策 ………………………… 099

第九章　美丽乡村建设背景下苏南传统村落民俗文化资源保护与开发 …………… 101
　　一、苏南传统民俗村落文化资源概述 …………………………………………… 101
　　二、苏南传统村落民俗文化资源保护与开发现状 …………………………… 103
　　三、苏南传统村落民俗文化资源保护与开发的模式 ………………………… 104
　　四、苏南传统村落民俗文化资源保护与开发的对策 ………………………… 108

第十章　美丽乡村建设背景下苏南传统村落商贸文化资源保护与开发 …………… 110
　　一、苏南传统村落商贸文化资源概述 …………………………………………… 110
　　二、苏南传统村落商贸文化资源保护与开发现状 …………………………… 112
　　三、苏南传统村落商贸文化资源保护与开发的模式 ………………………… 113
　　四、苏南传统村落商贸文化资源保护与开发的对策 ………………………… 116

第十一章　美丽乡村建设背景下苏南传统村落农耕文化资源保护与开发 ··· 119
一、苏南传统村落农耕文化资源概述 ··· 119
二、苏南传统村落农耕文化资源保护与开发现状 ··· 121
三、苏南传统村落农耕文化资源保护与开发的模式 ··· 123
四、苏南传统村落农耕文化资源保护与开发的对策 ··· 126

第十二章　美丽乡村建设背景下苏南传统村落影视文化资源保护与开发 ··· 128
一、苏南传统村落影视文化资源概述 ··· 128
二、苏南传统村落影视文化资源保护与开发现状 ··· 130
三、苏南传统村落影视文化资源保护与开发的模式 ··· 131
四、苏南传统村落影视文化资源保护与开发的对策 ··· 134

第三部分　保护与开发的典型案例

第十三章　美丽乡村建设背景下常州传统村落文化资源保护与开发 ··· 138
一、常州传统村落类型 ··· 138
二、常州市传统村落文化资源概况 ··· 139
三、常州传统村落文化资源保护和开发困境 ··· 146
四、常州传统村落文化资源保护与开发的模式 ··· 148
五、常州传统村落文化资源保护与开发的策略 ··· 150

第十四章　苏南传统村落民俗文化资源保护与开发——以常州市杨桥捻纸为例 ··· 153
一、杨桥捻纸艺术发展现状 ··· 153
二、杨桥捻纸艺术发展困境 ··· 154
三、杨桥捻纸保护与开发的策略 ··· 156

参考文献 ··· 158

后　记 ··· 161

第一部分 基本分析

第一章 绪论

一、研究背景

党的十八大报告中提出美丽中国的宏观发展战略,2013年中央一号文件明确指出要推进农村生态文明建设,包括加强农村生态建设、环境保护和综合整治,努力建设美丽乡村。美丽中国的基础是美丽乡村,2015年中央一号文件指出,农村建设要"强富美",其中强调"中国要美,农村必须美"。

中共中央总书记、国家主席、中央军委主席习近平2014年12月在江苏调研时强调:务农重本,国之大纲。要深化城乡统筹,扎实推进城乡一体化发展,让农村成为安居乐业的美丽家园。要紧紧围绕率先全面建成小康社会、率先基本实现现代化的光荣使命,努力建设经济强、百姓富、环境美、社会文明程度高的新江苏。

传统村落是指拥有物质形态和非物质形态文化遗产,具有较高的历史、文化、科学、艺术、社会、经济价值的村落。传统村落承载着中华传统文化的精华,是农耕文明不可再生的文化遗产。传统村落凝聚着中华民族精神,是维系华夏子孙文化认同的纽带。传统村落保留着民族文化的多样性,是繁荣发展民族文化的根基。[①]

为了更好地保护传统村落,从2012年到2019年,住建部等七部门陆续公布了五批中国传统村落名录,总计6 799个村落被列入保护范围,其中苏南有26个。苏南针对传统村落文化资源采取了一系列保护和开发措施,随着苏南传统村落保护范围的进一步扩大,其原有的保护与开发机制急需进一步完善。

二、研究意义

本书以十八大提出的美丽乡村建设理论为出发点,在保护与开发传统村落文化资源的同时将生态文明的理念融入其中,可以丰富苏南传统村落文化资源保护与开发的理论,为苏南传统村落文化资源保护与开发实践提供理论指导。

---

① 住建部,文化部,财政部.关于加强传统村落保护发展工作的指导意见[EB/OL]. http://www.mohurd.gov.cn/wjfb/201212/t20121219_212337.html,2012-12-12.

以美丽乡村建设理论为基础探讨传统村落文化资源的保护与开发,提供传统村落文化资源保护与开发的新对策,不仅可以解决美丽乡村建设背景下传统村落文化资源保护与开发所面临的现实问题,其成功经验还可以用以指导其他地区传统村落文化资源的保护与开发。深入挖掘传统村落文化内涵,保留和延续传统村落的历史文脉,对于继承和发扬中华优秀传统文化,弘扬社会主义核心价值观也具有重要意义。

三、研究现状

(一)国外研究现状

国外很早就注重村落的保护,1930年法国出台《风景名胜区保护法》,将天然纪念物和富有艺术、历史、科学、传奇及画境特色的地点列入保护对象,是第一个提出将村落列入保护范围的国家法律。[1]

国外很多国家纷纷开展小城镇和古建筑的保护工作,制定出台了一系列的国际宪章。1933年制定的《雅典宪章》,提到"有历史价值的古建筑均应妥为保存,不可加以破坏",这是最早反映保护有历史价值的建筑及地区的思想的国际宪章。乡土建筑遗产(built vernacular heritage)保护一直是国外研究的重点,国际古迹遗址理事会在1999年制定了《关于乡土建筑遗产的宪章》,提出对乡土建筑的文化价值、传统特色、传统建筑体系和工艺技术进行保护。

(二)国内研究现状

我国传统村落保护研究起源于20世纪80年代,90年代后开始受到学术界人士的重视。进入21世纪以来,国内对传统村落保护与开发的研究成果逐渐增加,研究内容日益丰富,不仅涉及传统村落物质形态的文化资源,还涉及传统村落的非物质形态文化资源。

中南大学中国村落文化研究中心胡彬彬教授于2012年1月在《光明日报》理论版发表《中国传统村落及其文化遗存现状与保护思考》,分析了传统村落消亡的五种原因,认为要抢救和保护中国传统村落及其文化内涵与形态,并提出了相应的对策建议,这是中国第一篇有关中国传统村落文化保护与研究的理论文章。

1. 传统村落物质形态文化资源的研究

这类研究主要从建筑学、规划学、景观学、艺术学等视角对不同地区的传统村落的传统建筑、民居建筑、景观风貌等方面的形成原因和影响因素的案例研究。建筑学视角的研究,代表作有冯骥才(2006)认为各地比较好的村落古建筑保护模式有分区式、民居博物馆式、生态式、景观式和景点式,这些保护模式各有其成功之处,但多数情况是比较注

---

[1] Guy M. Robinson. Conflict and Change in the Countryside[M]. London: Belhavan Press, 1990, 44-46.

重外观、景点、路线,比较偏重于物质遗产。① 乔迅翔(2011)针对乡土建筑评估体系的核心指标文化价值,以深圳大鹏半岛传统村落为例,探究当地先人建构活动的社会意识、营建的观念和意图以及所表现出来的睿智,力求发现其文化独特性,以发掘其文化价值。② 规划学视角的研究,代表作有张杰、庞骏(2008)提出建立一种由社会研究到保护规划再到经营管理的完善的方法体系,以恢复历史建筑的内在活力,达到保护古村落历史建筑的目的。③ 景观学视角的研究,代表作有余进(2015)通过对徽州传统村落传统建筑、空间形态、村落周边环境系统等各类景观元素进行分析,探讨徽州地区传统村落在保护中发展、在发展中保护的方法与路径。④ 艺术学视角的研究,代表作有任济东(2014)认为中国现存的明清古村落在建筑雕刻方面处处透露着"尽精微、致广大"的艺术审美理念,在建筑色彩上遵循道家哲学中的朴素为美的美学观点,灵动中透露着严谨,古朴中透露着奢华,具有独特的艺术美感以及较高的审美价值和文化价值。⑤

2. 传统村落非物质形态文化资源的研究

这类研究主要是围绕传统村落非物质文化遗产来进行,大多是对不同地区的传统村落各种类型的非物质文化遗产保护与开发进行研究。张玉柱(2014)从区域文化空间的宏观层面、单个古村落中观层面以及建筑文化、民俗文化、生活体系等微观层面阐述了苏州古村落吴文化保护的方式方法,并从旅游开发、产业开发、工程项目建设三个角度对古村落中景观环境、建筑文化、民俗文化、饮食文化以及生活体系五个方面的核心价值的利用进行了研究。⑥ 刘伯初、罗小龙(2014)分析了南京江宁区杨柳村古村落的文化遗产保护与开发利用模式,认为其遗产保护模式和文化遗产保护与经济社会发展、文化遗产原真性与旅游呈现舞台化、多元主体互动"共赢"三个协同的做法值得借鉴。⑦ 王军围、唐晓岚(2016)以苏南地区古村落景观和民俗文化的关系作为研究起点,分析当前苏南古村落民俗文化景观保护和传承中面临的困境,并以此为基础提出民俗文化景观的活化传承策略。⑧ 丹青(2015)通过对常州焦溪古村落的实地调研,认为要在注重对乡土人文生态保护和利用的同时,开发利用民间传统文化、传统工艺。⑨

目前国内外学者重视传统村落文化资源保护与开发,研究理论较为成熟。对于传统

---

① 冯骥才.文化遗产日的意义[J].民间文化论坛,2006(4):1-7.
② 乔迅翔.乡土建筑文化价值的探索——以深圳大鹏半岛传统村落为例[J].建筑学报,2011(4):16-18.
③ 张杰,庞骏.古村落历史建筑产权悖论的多维解析——以浙江省古村落保护规划为例[J].规划师,2008(5):56-60.
④ 余进.徽州传统村落景观风貌保护与发展研究[J].安徽建筑大学学报,2015(6):83-86,94.
⑤ 任济东.中国明清古村落建筑艺术研究——以皖南、晋东南古村落为例[J].阅江学刊,2014(02):140-145.
⑥ 张玉柱.苏州古村落群吴文化保护与利用研究[D].苏州科技学院,2014.
⑦ 刘伯初,罗小龙.古村落遗产可持续开发利用模式探研——以南京江宁区杨柳村为例[J].中国农史,2014(4):130-136.
⑧ 王军围,唐晓岚.苏南古村落民俗文化景观传承策略研究[J].江苏第二师范学院学报,2016,32(10):104-106.
⑨ 丹青.探索历史文化名村和传统村落保护与利用之路——以常州市焦溪古村落为例[J].中国文物科学研究,2015(3):15-20,94.

村落文化资源保护与开发所开展的研究多偏向于传统村落的建筑层面、特征价值、形成演变等,侧重于传统村落物质形态的文化资源保护与开发,而对传统村落非物质形态的文化资源保护与开发方面的研究还远远不够,特别是对苏南传统村落文化资源的保护与开发缺乏全面、系统的深入研究。

第二章 苏南传统村落概述

一、苏南传统村落的历史演变

由于自然地理和人文历史的因素,江苏省分为苏南、苏中、苏北三个地区。苏南是江苏省南部地区的简称,苏南地区是指南京、苏州、无锡、常州和镇江五个市。

(一)苏南传统村落的起源

苏南传统村落历史可追溯到旧石器时代,苏州太湖三山村的三山岛发掘出旧石器时期文化遗址,是距今 12 000 多年前的旧石器时代的文化遗址,这表明吴地的人类文明史从新石器时代向前推进到了旧石器时代。

泰伯奔吴的故事流传至今,《史记·吴太伯世家》记载:"太伯奔荆蛮,自号勾吴。荆蛮义之,从而归之者千余家,立为吴太伯。"[1]商周时期,周太王古公亶父的之子泰伯和仲雍为了成全父亲传位于弟弟季历的意愿,离开陕西岐山下的周原,来到被称为荆蛮之地的江南,自号勾吴。

泰伯带领当地居民开掘运河"泰伯渎",即今天的伯渎港,泰伯渎东连漕湖,西接运河,流经吴国的发祥地梅里(今梅村),沿途灌溉了大量农田,对江南经济的发展起到了积极作用,也把中原先进的文化带到了江南。后人为了铭记泰伯的功业,在无锡梅村镇鸿山和伯渎河畔修建了泰伯墓和泰伯庙。

2019 年 7 月无锡梅村街道发现梅里遗址,面积大约 6 万平方米,专家判断遗址的时代跨度为商代至春秋时期,文化因素兼具马桥文化和湖熟文化,其中还有部分中原文化因素,这说明三千多年前就有人类在梅村地区生活。这一时期和类型的遗址在本地区尚属首次发现,与历史记载的"泰伯奔吴""泰伯居梅里"等有一定的关联性。[2]

(二)苏南传统村落的形成

春秋时期,泰伯十九世孙,吴王寿梦之子季札三让王位,"弃其室而耕"于延陵,被称

---

[1] (汉)司马迁.史记·吴太伯世家[M].北京:中华书局,2014:1747.
[2] 泰伯奔吴添力证!无锡发现商周遗址[EB/OL]. http://js.people.com.cn/culture/GB/n2/2019/0724/c360308-33173465.html,2019-07-24.

为延陵季子。至今,镇江丹阳市延陵镇九里村留有季子庙、十字碑、季河桥等历史遗存和九里季子庙会传统民俗。

春秋时期吴王阖闾统治期间,采纳伍子胥的建议,"立城郭,设守备,实仓廪,治兵库,斯则其术也。"①命伍子胥负责筑造吴国都城——阖闾城,后又兴修了一些水利工程,灌溉了大量的良田,对于吴地的经济发展带来了一定的促进作用。如今,无锡市马山街道阖闾村与常州市雪堰镇城里村留有吴王阖闾城遗址。

秦汉统一王朝建立后,苏南被纳入了统治范畴。秦汉王朝采取了移民、劝课农桑、兴修水利等一系列措施来开发苏南,一定程度上带动了苏南的经济发展,促成了一些村落的形成。

苏南自然环境优美,拥有秀丽的湖光山色,吸引了一些文人到此隐居。汉初"商山四皓"的东园公和甪里先生曾隐居在苏州太湖西山东村和甪里村,西汉丞相平当因不满王莽专权,举家搬迁到南京漆桥村隐居。

(三)苏南传统村落的发展

魏晋南北朝时期,江南古村落的繁荣与发展与"士人南迁"的社会背景密切相关。②西晋末年以来,大批北方人民为了躲避战乱纷纷南迁,他们不仅带来了先进的生产技术和工具,也带来了中原地区的先进文化。常州万绥村因出了南朝齐、梁王朝共15位帝王被称为"齐梁故里",南朝被史学界公认为当时华夏文化的中心。南朝时期文学成就蔚为大观,这一时期具有代表性的文学作品有刘勰的《文心雕龙》、刘义庆的《世说新语》等。南朝民歌《华山畿》发生地为镇江新区华山村,至今留有"神女冢"遗址。

隋唐时期,大运河的开凿带动了苏南地区经济的快速发展。大运河沿岸出现了一批以货物集散为主的商贸集镇,在一些交通要道形成了一批集市。唐朝安史之乱后,北方人民大规模南迁,经济重心逐渐南移,苏南地区农村经济得到了进一步发展。

北宋末年,金兵入侵,宋室南迁。南宋初年,很多官僚厌倦了官场的纷争选择了隐居,太湖及其周边地区成为他们的首选。他们世代在此繁衍生息,所在村落也因此发展起来,苏州太湖的明月湾村、陆巷村、翁巷村、杨湾村、东西蔡村、三山村、后埠村,无锡礼社村,镇江丹阳柳茹村等都是在这一时期发展起来的。

由于大量移民的涌入,苏南村落数量逐渐增多,规模逐渐增大,村落分布从稀疏走向密集。有的学者认为,时至宋代,传统中国聚落分布的基本格局已经形成,并奠定了后世发展的基础。③

(四)苏南传统村落的兴盛

明清时期,江南成为全国商品经济最发达的地区,长江沿线、运河沿线和沿海地区的

---

① (汉)赵晔.吴越春秋[M].南京:江苏古籍出版社,1986.
② 周岚,朱光亚,张鑑.乡愁的记忆-江苏村落遗产特色和价值研究[M].南京:东南大学出版社,2017:11.
③ 陈桥驿.历史时期绍兴地区聚落的形成与发展[J].地理学报,1980(1):14-23.

一些集镇兴盛起来。明清时期,江南地区商品性农业和手工业发达,太湖流域兴起了一批商业型、手工业型和手工业—商业型集镇,其数量和规模均要大于唐宋时期。村落发展为市,市发展为镇,镇进一步扩大为集镇。[①]

凭借便捷的交通运输,苏南商业贸易得到了突飞猛进的发展,一些村落逐渐形成特色产品生产基地,成为区域性乃至全国性的商品集散地。苏州太湖流域的村落成为蚕桑区和棉织区,对外输出丝和绸,成为棉纺织产品生产基地。

苏州太湖西山和东山出现了洞庭商帮,他们利用交通和资源优势从事粮食、布帛、茶叶等商贸活动,凭借灵活的经营理念,获得了巨大成功,跻身全国十大商帮之列。这些商人用经商赚来的钱在家乡建造房屋,因此东西山村落建有大量的精美建筑。东山翁巷村是集中体现洞庭商帮儒商文化的重要村落,也是明清香山帮为代表的苏州精美建筑的荟萃之地。

由于漕运发达的带动,沿河村镇经济逐渐繁荣起来,发展规模逐渐扩大。常熟市李市村是以水运为依托发展起来的集镇,成为当地的水陆交通中心和物资集散地,被称为"铁李市"。常州焦溪村河道交通便捷,村中河流通达长江,成为常州东门外的大集镇和商贸集散地。

清末民国时期,中国近代民族工商业兴起,苏南地区出现了一些大的商贸集镇。无锡严家桥村水陆交通发达,遭受战祸较少,具有"三地一村四码头"的特点,20世纪二三十年代,严家桥街道商贾云集,商业店铺达到二百多家,成为无锡东部重要的商贸中心。

(五)苏南传统村落的衰落

鸦片战争以后,西方列强对中国进行经济侵略,疯狂地向中国倾销商品、掠夺原料,把中国卷入世界资本主义市场,给中国自然经济带来了猛烈的冲击。外国资本主义机器大工业的产生,严重冲击了中国传统的手工业生产。同时,大量的洋布、洋纱输入中国市场,给苏南村落的经济发展带来了严重的不利影响,一些手工业型村落开始走上衰落之路。

随着中国近代化进程的加快,铁路交通事业迅速发展,铁路沿线新建的一些铁路枢纽和站点逐渐发展成为城镇,运河沿线的村落则逐渐衰落。

受到战争的影响,苏南的经济遭受严重的破坏,一些商贸集镇由于战争破坏,失去了商业功能。在抗日战争期间,中国共产党在苏南领导抗日军民创建、发展和巩固苏南抗日根据地,一些村落成为抗日军民抵抗日本帝国主义侵略的主战场,由此也产生了一些革命历史型村落。南京李巷村成为新四军苏南抗日指挥中心,常州溧阳水西村成为江南新四军指挥部驻地。

---

① 黄燕.江苏省历史文化村镇时空变迁及景观效应研究[D].南京师范大学,2014.

二、苏南传统村落的区域分布

中国历史文化名村,是由建设部和国家文物局共同组织评选的,自2003年10月8日至2018年12月12日已经评选出7批。苏南共有11个,其中南京2个,苏州5个,无锡1个,常州3个。(表2-1)

表2-1 苏南中国历史文化名村名单

地级市	数量	批次	时间	中国历史文化名村
南京	2	第六批	2014	南京市高淳区漆桥镇漆桥村
		第六批	2014	南京市江宁区湖熟街道杨柳村
苏州	5	第三批	2007	苏州市吴中区东山镇陆巷村
		第三批	2007	苏州市吴中区西山镇明月湾村
		第六批	2014	苏州市吴中区东山镇杨湾村
		第六批	2014	苏州市吴中区金庭镇东村
		第六批	2014	苏州市吴中区东山镇三山村
无锡	1	第五批	2010	无锡市惠山区玉祁镇礼社村
常州	3	第六批	2014	常州市武进区郑陆镇焦溪村
		第七批	2018	常州市武进区前黄镇杨桥村
		第七批	2018	常州市溧阳市昆仑街道沙涨村

2012年4月,住房和城乡建设部、文化部、国家文物局、财政部联合启动了中国传统村落的调查。2012年9月,住房城乡建设部、文化部、国家文物局、财政部联合成立专家委员会,评审《中国传统村落名录》。2012年12月19日,住房城乡建设部、文化部、财政部三部门发通知公布中国传统村落名录,到2019年9月共公布5批6 799个,苏南有26个,其中南京2个,苏州14个,无锡2个,常州3个,镇江5个。(表2-2)

表2-2 苏南中国传统村落名单

地级市	数量	批次	时间	中国历史文化名村
南京	2	第二批	2013	南京市江宁区湖熟街道杨柳村
		第二批	2013	南京市高淳区漆桥镇漆桥村
苏州	14	第一批	2012	苏州市吴中区东山镇陆巷村
		第一批	2012	苏州市吴中区金庭镇明月湾村
		第二批	2013	苏州市吴中区东山镇三山村
		第二批	2013	苏州市吴中区东山镇杨湾村
		第二批	2013	苏州市吴中区东山镇翁巷村

续表

地级市	数量	批次	时间	中国历史文化名村
苏州	14	第二批	2013	苏州市吴中区金庭镇东村村
		第二批	2013	苏州市常熟市古里镇李市村
		第三批	2014	苏州市吴中区金庭镇衙甪里村
		第三批	2014	苏州市吴中区金庭镇东蔡村
		第三批	2014	苏州市吴中区金庭镇植里村
		第三批	2014	苏州市吴中区香山街道舟山村
		第三批	2014	苏州市昆山市千灯镇歇马桥村
		第四批	2016	苏州市吴中区金庭镇蒋东村后埠村
		第四批	2016	苏州市吴中区金庭镇堂里村
无锡	2	第一批	2012	无锡市惠山区玉祁镇礼社村
		第二批	2013	无锡市锡山区羊尖镇严家桥村
常州	3	第二批	2013	常州市武进区前黄镇杨桥村
		第三批	2014	常州市武进区郑陆镇焦溪村
		第五批	2019	常州市溧阳市昆仑街道沙涨村
镇江	5	第二批	2013	镇江市新区姚桥镇华山村
		第二批	2013	镇江市新区姚桥镇儒里村
		第二批	2013	镇江市丹阳市延陵镇九里村
		第二批	2013	镇江市丹阳市延陵镇柳茹村
		第五批	2019	镇江市丹徒区辛丰镇黄墟村

江苏省住房和城乡建设厅、江苏省文物局联合开展了江苏省历史文化名镇名村评选工作,至今已经评选出八批江苏省历史文化名村,一部分被评选为中国历史文化名村或中国传统村落,还有一部分仍然居于江苏省历史文化名村之列。

2016江苏省委1号文件提出:"十三五"期间江苏将对1 000个左右省级传统村落和传统民居建筑组群进行保护。自2016年起,江苏省住房和城乡建设厅会同江苏省财政厅、江苏省文化厅等部门启动传统村落保护工作,全面调查了解全省传统村落的数量、类型、地理分布特征及现状条件等情况,重点支持了100个乡土文化特征鲜明、传统资源较为丰富的传统村落保护发展。

2017年9月,江苏省政府以政府令形式印发《江苏省传统村落保护办法》。《江苏省传统村落保护办法》规定只要符合下列条件之一即可申报省级传统村落。(一)选址、布局保留着传统格局和历史风貌,与自然有机融合,环境自然,尺度宜人,体现人和自然共生的建造智慧;(二)历史建筑、传统建筑保存良好,体现一定历史时期或者特定地域的建造传统和建筑风格;(三)能够承载乡愁记忆和归属感,具有地域影响的祠堂、牌坊、古桥、戏台、古井、老树等历史遗存保存较好;(四)具有传统特色和区域代表性,能够体现农耕文明时期的地域特点和生产生活方式的种植、养殖、捕捞、手工制作技艺和加工制造工艺等;(五)具有较为鲜明的地域乡土文化特征的民俗活动、传统技艺等非物质文化遗产仍保有活态。

江苏省住房和城乡建设厅按照《江苏省传统村落保护办法》的规定程序,会同省相关部门提请省政府认定并公布了一批江苏省传统村落名录。

根据苏南五市江苏省历史文化名村和江苏省传统村落名单分布情况,对苏南五市的传统村落分布情况进行了详细整理。(表2-3)

表2-3 苏南省级传统村落名单

地级市	数量	传统村落名称	级别
南京	14	江宁区横溪街道石塘村后石塘	省级传统村落
		江宁区东山街道佘村王家	省级传统村落
		江宁区江宁街道牌坊社区黄龙岘	省级传统村落
		江宁区横溪街道许呈村大呈	省级传统村落
		江宁区横溪街道勇跃村油坊桥	省级传统村落
		江宁区横溪街道石塘社区前石塘	省级传统村落
		江宁区横溪街道西岗社区陶高	省级传统村落
		江宁区横溪街道西岗社区朱高	省级传统村落
		浦口区星甸街道后圩社区胡烘组	省级传统村落
		溧水区洪蓝镇仓口村	省级传统村落
		溧水区洪蓝镇蒲塘村蒲塘	省级传统村落
		高淳区砖墙镇三和社区中和	省级传统村落
		高淳区东坝镇东坝村汤家	省级传统村落
		高淳区桠溪镇跃进村西舍	省级传统村落
镇江	3	镇江新区丁岗镇葛村	省级历史文化名村
		句容市茅山风景区南镇街	省级传统村落
		丹阳市访仙镇萧家村	省级传统村落
常州	1	新北区春江镇魏村	省级传统村落

苏南五市传统村落众多,获得国家级和省级传统村落称号的只是少数,还有一大批传统村落未获得任何称号。各市对这些传统村落也展开了一系列的保护工作,如苏州市政府2012年命名了首批苏州市历史文化名镇(村),2015年无锡市建设局、规划局等部门联合出台了《无锡市传统村落保护和利用指导意见》,对市区典型古村落的保护建设拓展为对全市传统村落的全面保护利用,确定传统村落名录。根据各地统计数据和调研了

解，对苏南其他传统村落进行了整理。（表2-4）

表2-4 苏南其他传统村落名单

地级市	传统村落名称	传统村落典型特征
南京	溧水区白马镇李巷村	李巷红色遗址遗迹群
	溧水区永阳街道东庐村	东庐山、东庐观音寺
	江宁区汤山街道孟墓社区郑坊村	藏龙寺及青龙桥历史典故的发源地
	江宁区谷里街道周村社区世凹村	"牛首文化第一村"、徽派建筑
苏州市	吴江区七都镇陆港村	太湖渔村、唐代诗人陆龟蒙隐居地
	吴江区七都镇开弦弓村	费孝通调研乡村社会的样本、费孝通江村纪念馆
	吴江区七都镇隐读村	天到桥、乾隆帝对弈传说、读书之风
	吴江区盛泽镇龙泉嘴村	市级历史文化名村、桑苗和丝绸的集散地、双龙桥
	吴江区平望镇溪港村	市级历史文化名村、刘猛将军庙、东林桥、周家厅、李八爷古宅楼等古建筑
	吴江区盛泽镇黄家溪村	丝绸文化村
	吴江区松陵镇南厍村	青石驳岸、庙会、南厍三肴、永宁桥和聚龙桥
	太湖旅游度假区叶山岛徐湾村	苏州市首批控制保护古村落、明代古建筑
	张家港市凤凰镇恬庄村	全国重点文物保护单位——杨氏宅第（榜眼府、杨氏南宅和杨孝子祠）、状元故里
	张家港市塘桥镇金村	国家级非物质文化遗产——金村庙会
	吴中区金庭镇涵村	山坞人家、省级文保单位——明代涵村店铺
	吴中区光福镇窑上村	唐伯虎画太湖处、卧龙泉、桂花之乡
无锡	江阴市霞客镇北渚村	北渚老街、枕河而居
	宜兴市太华镇太华村	太华山、新四军抗日根据地
	滨湖区雪浪街道葛埭村	洪口墩遗址和庵基墩遗址、横山草堂
	新吴区鸿山街道鸿西村西仓村	蔡氏望族聚居地、旱巷水街
	新吴区鸿山街道大坊桥村	无锡市级古村落、砖圆仓建筑群
	锡山区东港镇黄土塘村	黄土塘浜和黄土塘老街水、旱街坊
常州	武进区横林镇余巷村	常州城东第一巷、抗联名将冯仲云故居
	新北区孟河镇万绥村	齐梁故里、万绥东岳庙、万绥猴灯
	武进区雪堰镇城西回民村	中国少数民族特色村寨
	武进区雪堰镇城里村	全国重点文物保护单位——阖闾城遗址
	金坛区指前镇东浦村	省级非遗——东浦丝弦

续表

地级市	传统村落名称	传统村落典型特征
常州	金坛区儒林镇鲁墅村	诸葛八阵图村
	金坛区薛埠镇上阮村	汉代窑址、上阮花鼓戏
	金坛区薛埠镇仙姑村	茅山道教养生文化、全国重点文保单位——金坛土墩墓群
	金坛区儒林镇柚山村	省级非遗——柚山放灯
	金坛区直溪镇巨村	国家级非遗——直溪巨村舞龙
	金坛区朱林镇西岗三星村	全国重点文物保护单位——三星村遗址
	溧阳市社渚镇社渚村	傩文化之乡,省级非遗傩舞(跳幡神)
	溧阳市戴埠镇深溪岕村	南山竹海、青龙潭、古松林
	溧阳市竹箦镇水西村	江南新四军指挥部旧址
	溧阳市别桥镇塘马村	塘马战斗发生地
镇江	句容市宝华山下千华村	秦淮河北源头、宝华山、隆昌寺
	句容市边城镇青山村	南宋宰相巫伋故里、青山七十二口井
	句容市开发区城上村	全国重点文物保护单位——城上村遗址
	丹阳市珥陵镇南葛城村	全国重点文物保护单位——葛城遗址
	丹阳市访仙镇萧家村	萧氏宗祠

三、苏南传统村落的基本类型

目前对传统村落的分类没有统一的划分方式,主要是根据研究的需要,结合一定的分类方法,来划分传统村落类型。

彭一刚(1992)根据传统村镇、村落的地理位置特征,将传统村镇、村落划分为平地村镇、乡水村镇、山地村镇、背山临水村镇、背山临田村镇、背山临田畴村镇等八种类型。[①]

刘沛林(1997)概括了三种类型划分方法:按村落成因划分,分为原始定居型、地区开发型、历时嵌入型、民族迁徙型、避世迁居型等;按地理特征划分,分为山地型、平原型、山麓型、临水型等;按功能特征划分,分为防御型、农耕型、山水型等。[②]

刘馨秋(2018)以农业文化遗产分类方法为基础,结合中国传统村落的特征和认定标准,将江苏传统村落划分为5种类型:传统建筑型村落、农业景观型村落、农业特产型村落、工商贸易型村落、民俗文化型村落。[③]

王留青(2014)通过对传统村落总体特征和价值维度的全面分析,构建了苏州传统村

---

① 彭一刚.传统村镇聚落景观分析[M].北京:中国建筑工业出版社,1992.
② 刘沛林.古村落:和谐的人居空间[M].上海:上海三联书店,1997.
③ 刘馨秋:中国传统村落记忆(江苏卷)[M].北京:中国农业科学技术出版社,2018.

落价值评价指标体系和分类模型,依据核心价值将苏州分为传统农耕村落、历史文化村落、田园人居村落和综合型村落4种类型。[①]

中国历史文化村镇的分类方式是分为乡土民俗型、传统文化型、革命历史型、民族特色型、商贸交通型等类型。中国传统村落评选条件为:(1)历史文化积淀较为深厚;(2)选址格局肌理保存较完整;(3)传统建筑具有一定保护价值;(4)非物质文化遗产传承良好;(5)村落活态保护基础好。

本书参考中国历史文化村镇分类方式和中国传统村落评选指标体系,结合苏南传统村落的实际情况,把苏南传统村落分为:传统建筑文化型、生态文化景观型、乡土民俗文化型、传统商贸文化型、历史名人文化型、革命历史文化型6种类型。(表2-5)

表2-5 苏南传统村落基本类型一览表

传统村落类型	类型特征	代表性村落	具体特征
传统建筑文化型	村落中拥有文物古迹、历史建筑、传统建筑较多,历史建筑、传统建筑结构精美、保存完整	南京市江宁区湖熟街道杨柳村	全国重点文保单位:杨柳村古建筑群。朱家大院("九十九间半")
		苏州市吴中区金庭镇明月湾村	清代建筑30余处,瞻瑞堂、裕耕堂、黄氏宗祠、明月寺4处市级文保单位
		苏州市吴中区金庭镇东村村	历史传统建筑群30多处,总建筑面积达1.5万平方米。敬修堂、栖贤巷门、徐家祠堂3处为省级文保单位
		苏州市吴中区金庭镇堂里村	仁本堂、容德堂、沁远堂、树德堂、崇德堂等二十多幢清代宅第,其中仁本堂为省级文保单位
		苏州市吴中区东山镇杨湾村	元代轩辕宫正殿、明代怀荫堂、明善堂三处全国文保单位,九大堂、崇本堂、锦星堂等市级以上文保单位数十处
		苏州市吴中区东山镇三山村	省级文保单位2处,市级文保单位师俭堂,30多幢明清建筑,历史建筑1.9万平方米
		苏州市吴中区东山镇翁巷村	省级文保单位:瑞霭堂、凝德堂,市级文保单位柳毅井、启园、松风馆等,香山帮建筑荟萃地
生态文化景观型	传统村落中自然生态良好,具有森林、河流、山脉、良田等自然生态系统,大量种植农作物和经济作物,如茶园、果木园等	南京江宁区江宁街道牌坊社区黄龙岘	黄龙岘茶文化生态园
		南京江宁区横溪街道许呈村大呈	无性良茶茶园、西瓜生态园
		常州市金坛区薛埠镇上阮村	茅山、生态农业园、生态茶园、生态果园
		苏州吴中区光福镇窑上村	窑上古桂园、邓尉山香雪海

---

① 王留青:苏州传统村落分类保护研究[D].苏州科技学院,2014.

续表

传统村落类型	类型特征	代表性村落	具体特征
生态文化景观型	传统村落中自然生态良好,具有森林、河流、山脉、良田等自然生态系统,大量种植农作物和经济作物,如茶园、果木园等	常州溧阳市戴埠镇深溪岕村	南山竹海、深溪岕古松园
		苏州市吴中区金庭镇植里村	太湖、碧螺春茶园、杨梅园、枇杷园、橘园、古樟树
		苏州市吴中区金庭镇衙甪里村	太湖、碧螺春生态茶园、杨梅园、枇杷园、橘园
乡土民俗文化型	传统村落具有鲜明的村落地域特色,文化内涵丰富,可供开发利用的民俗文化资源,如:民俗礼仪、传统戏曲、传统手工技艺、节庆仪式、饮食文化等	南京溧水区洪蓝镇蒲塘村	省级非遗——蒲塘庙会
		南京高淳区东坝镇东坝村汤家	国家级非遗——东坝大马灯
		苏州市吴中区香山街道舟山村	国家级非遗——光福核雕、苏工核雕发源地
		常州市武进区前黄镇杨桥村	省级非遗——杨桥庙会、市级非遗——杨桥捻纸、调三十六行、调犟牛、捐轮车
		苏州张家港市塘桥镇金村	国家级非遗——金村庙会
		苏州市昆山市千灯镇歇马桥村	人类非物质文化遗产——昆曲、省级非遗——跳板茶
		镇江市新区姚桥镇儒里村	市级非遗——东乡羊肉烹制技艺、儒里朱氏祭祀
		镇江市新区姚桥镇华山村	省级非遗——《华山畿》和华山畿传说、华山庙会、市级非遗——华山太平泥叫叫
		镇江市丹阳市延陵镇九里村	省级非遗——九里季子庙会、市级非遗——延陵抬阁
传统商贸文化型	这类村落一般位于古代商业水路交通要道上或者官道经过的地区。以商业功能为主导,这类村落主要依附于水运码头、商道而存在,留有老街	南京市高淳区漆桥镇漆桥村	古代南京沟通苏杭与宣徽地区的驿路要冲,漆桥老街
		苏州市常熟市古里镇李市村	近代商贸集市、"铁李市"
		无锡市锡山区羊尖镇严家桥村	民族工商业——唐氏发祥地
		镇江市新区姚桥镇儒里村	古代集贸中心
		常州市武进区郑陆镇焦溪村	明清商贸集散地、焦溪老街
		常州市新北区春江镇魏村	魏村老街,留有多处商业遗存

续表

传统村落类型	类型特征	代表性村落	具体特征
历史名人文化型	历史上某个方面突出成就或有重要影响力的名人居住过的村落,这类传统村落可以借助名人文化资源,将村落文化底蕴与名人的精神特质相结合,开发名人文化旅游产品	苏州市吴中区东山镇陆巷古村	明代宰相王鏊、清代状元王世琛、兄弟二院士
		苏州市吴中区金庭镇蒋东村后埠村	宋朝烈士徐揆、清朝大孝子费孝友
		苏州市吴中区金庭镇东蔡村	宋代秘书郎蔡源、明代文学家、书法家蔡羽、宋代驸马、秦观八世孙秦仪
		无锡市惠山区玉祁镇礼社村	一门四博士、一村四院士、经济学家孙冶方、薛暮桥
		常州市溧阳市昆仑街道沙涨村	元代回鹘民族官吏合剌普华
		常州市武进区横林镇余巷村	抗联名将冯仲云、"生物力学之父"冯元桢、中共谍报专家冯铉、明朝学者、藏书家薛应旂
		镇江市丹阳市延陵镇柳茹村	岳飞挚友、南宋抗金将领贡祖文
		常州市新北区孟河镇万绥村	南朝齐高帝萧道成、梁武帝萧衍
革命历史文化型	在土地革命战争时期、抗日战争、解放战争时期发生过重大历史事件或著名战役,老一辈无产阶级革命家曾经在村落中战斗过,留下了大量的红色文化资源	南京市高淳区桠溪镇跃进村西舍	溧高县抗日民主政府旧址、溧高县抗日民主政府大会堂、革命烈士纪念碑、溧高县国华初级中学、溧高县纺织厂
		南京市溧水区白马镇李巷村	新四军苏南抗日指挥中心、苏南区行政公署领导机关和中共苏皖区党委领导机关驻地
		无锡市宜兴市太华镇太华村	苏浙公学旧址、新四军1纵(司令部)纪念地、汤松林烈士旧居
		无锡市锡山区东港镇黄土塘村	姚桐斌故居、黄土塘战斗纪念碑
		常州市溧阳市竹箦镇水西村	江南新四军指挥部纪念馆
		镇江市丹徒区辛丰镇黄墟村	民主政治家冷遹故居

1. 传统建筑文化型

传统建筑文化型的传统村落一般文物古迹、历史建筑、传统建筑分布集中成片,建筑风格精美,传统建筑、历史建筑保存完整,具有较高的价值。

全国重点文物保护单位-杨柳村古建筑群是南京现存规模最大的明清民宅遗存之一,是江南地区典型的古民宅建筑。杨柳村古建筑群原有36个宅院,现存比较完整的有

17个宅院。朱家大院("九十九间半")指的是"三堂上"——礼和堂、思承堂、树德堂,礼和堂和思承堂均为三进各37间房;树德堂在西边,为四进41间房,总占地约2 690平方米。[①]

苏州吴中区金庭镇和东山镇的传统村落保存的传统建筑和历史建筑较多,金庭镇明月湾村有清代建筑30余处,瞻瑞堂、裕耕堂、黄氏宗祠、明月寺4处市级文保单位。金庭镇东村村有历史和传统建筑30多处,总建筑面积达1.5万平方米,敬修堂、栖贤巷门、徐家祠堂3处为省级文保单位,庆馀堂、萃秀堂2处市级文保单位。金庭镇堂里村有清代建筑二十多栋,其中仁本堂为省级文保单位,沁远堂为市级文保单位。

东山镇杨湾村古民居近60栋,三处全国重点文保单位:元代轩辕宫正殿、明代怀荫堂、明善堂。东山镇翁巷村有省级文保单位2处:瑞霭堂、凝德堂,是香山帮建筑荟萃地。东山镇三山村保存有30多幢明清建筑,清俭堂、师俭堂、九思堂、荆茂堂、震远堂及秦祠、薛祠等古民居、古祠堂,其中省级文保单位2处,市级文保单位1处,历史建筑1.9万平方米。

2. 生态文化景观型

生态文化景观型的传统村落一般自然生态良好,具有森林、河流、山脉、良田等自然生态系统,大量种植农作物和经济作物,如茶园、果木园等。苏南自古以来土地肥沃,自然地理环境良好,气候适宜,适合种植农作物和经济作物。

黄龙岘村属于丘陵山地,四周茶山、竹林环绕,主产黄龙岘"龙毫、龙针"茶叶。黄龙岘茶文化生态园有大量生态茶园和黄龙潭、黄龙仙竹等生态景观,被誉为"金陵茶文化休闲旅游第一村"。

窑上村是苏州桂花最集中的村落,桂花种植面积达2 000余亩,花开时香溢十里,形成"两千亩桂花园环绕太湖十华里"的壮丽景观。

衙甪里村位于西山和太湖之间,种植5 000亩碧螺春茶园,是洞庭(山)碧螺春茶的重要原产地。碧波荡漾的太湖、郁郁葱葱的茶园、风景秀美的湖光山色,共同构成了衙甪里村优美生态风光。

植里村以古道、古桥而知名,植里古道古桥古樟位于村口,永兴桥边有一三叉古樟,生机盎然,亭亭如盖,遮阴桥上。

3. 乡土民俗文化型

乡土民俗文化型传统村落一般具有鲜明的村落地域特色,文化内涵丰富,可供开发利用的民俗文化资源,如:民俗礼仪、传统戏曲、传统手工技艺、节庆仪式、饮食文化等。传统村落中非物质文化遗产丰富,具有鲜明的乡土文化特色,可以作为旅游资源进行开发,满足居民和游客的精神文化需求。

庙会是古老的传统民俗文化活动,在广大中国乡村流传,目前很多传统村落的庙会已经入选国家级、省级非遗项目。张家港市金村的国家级非遗项目金村庙会起源于宋

---

① 马晓,周学鹰.南京杨柳村"九十九间半"[J].古建园林技术,2013(2):59-63.

代,其活动中心是始建于南朝四百八十寺之一的永昌寺,活动正日为农历四月初八,佛教中的佛诞日。为纪念在农历四月初八抗倭战争中牺牲的金七,就增加了祭祀金七的活动。

苏州市舟山村的国家级非遗项目——舟山核雕,以橄榄核、桃核、杏核等果核雕刻成工艺作品,属于民间微型雕刻工艺,是苏州地区独有的民间艺术,该村家家户户都从事核雕艺术品的加工制作,被誉为"中国核雕第一村"。

4. 传统商贸文化型

传统商贸文化型村落是由于其特殊地理位置而兴起的以传统商业贸易为主要经济方式的村落,这类村落一般位于古代商业水路交通要道上或者官道经过的地区。苏南自古以来都是南北交通运输大动脉,京杭大运河流经全境,很多村落靠近运河、码头和商道,长期以来通过商业贸易形成了商业集镇。

南京市漆桥村早在南宋时期就已经成为建康府驿路上的重要驿站,清朝时,漆桥驿道沿街店铺列肆、商家云集,漆桥河两岸高阁临水、帆樯林立,并以水陆二者交汇的漆桥桥头和南街一带最为繁华。[1]

无锡市严家桥村是20世纪二三十年代无锡著名的米码头、布码头、评弹码头和医药码头,商贾云集、店铺林立,各类商号200余家,被誉为锡东的"小无锡"。[2]

严家桥村是中国近代民族工商界"四大家族"之一唐氏家族发祥地。太平天国时期,为躲避战火,唐氏家族先祖唐懋勋举家搬迁至此,开设"春源布庄",不断发展壮大,最终成为中国近代民族工商业大族。

5. 历史名人文化型

历史名人文化型传统村落一般指的是历史上某个方面突出成就或有重要影响力的名人居住过的村落,苏南自古人才辈出,活跃在中国历史上有名的人物数不胜数,他们所创造的丰功伟绩为后世所敬仰和传承。这类传统村落可以借助名人文化资源,将村落文化底蕴与名人的精神特质相结合,开发名人文化旅游产品。

苏州市陆巷村历史上有二十多名进士和举人,这些致仕之人大多颇具政绩和业绩,晚年一般归隐乡里。王姓是陆巷的名门望族,王鏊做过明代宰相,后因阉党专权辞归故里,其子孙多是取得功名之人,八世孙王世琛为清康熙年间状元。在近现代,王氏家族更是名人辈出,据《莫厘王氏人物传》记载,王氏一族出过六十多名正副教授和研究员,其中王守武、王守觉兄弟二人为中科院院士。

无锡市礼社村名人辈出,礼社薛家占到一半以上,出过清末薛氏六举人,"一门四博士"——薛光鄂、薛光琦、薛光钊、薛光钺。礼社村还有院士——秦伯益、薛禹群、薛禹胜,新中国著名经济学家孙冶方(原名薛萼果)、薛暮桥。另有实业家薛明剑、微雕大师薛佛影、矿业专家薛桂轮、国画家秦古柳、医学专家薛邦祺、女性教育家薛正、钱币专家薛尊龄等。

---

[1] 李新建,等.驿路要冲,圣裔名村——南京市漆桥村历史文化价值研究[J].乡村规划建设,2015(2):26-37.
[2] 汪永平.无锡羊尖严家桥[J].南京工业大学学报(社会科学版),2018(2):97.

6. 革命历史文化型

革命历史文化型传统村落指的是在土地革命战争时期、抗日战争、解放战争时期发生过重大历史事件或著名战役,老一辈无产阶级革命家曾经在此战斗过,留下了大量的红色文化资源。这类传统村落中不仅留有革命旧址、革命领导人故居、著名战役遗址、烈士墓园等有形红色资源,还有红色标语口号、革命英雄故事和事迹、红色歌谣、红色文艺作品等无形红色资源。

南京市李巷村被称为"苏南小延安",是新四军苏南抗日指挥中心,留有李氏宗祠(溧水人民抗日斗争纪念馆、苏南党政军首脑机关驻地旧址)、陈毅暂住地旧址、李坚真居住地旧址、江渭清居住地旧址、钟国楚居住地旧址、梅章居住地旧址、地下交通总站遗址等多处红色文化资源。

宜兴市太华村位于太华山区,在抗日战争时期,曾是苏浙皖边区的革命根据地和苏南抗日根据地党政军指挥中心,留有苏浙公学旧址、新四军1纵(司令部)纪念地、汤松林、王瑛烈士墓等红色文化资源。

四、苏南传统村落的主要特征

苏南传统村落具有明显的地域特征,具有一般传统村落的共性和个性。根据苏南传统村落的类型来探讨其特征,从苏南传统村落的选址格局、景观环境、建筑风格、社会文化等方面来分析其特征。

(一) 山水相依,湖村合璧

古人在传统村落的选址上十分重视山川河流、土地、森林等自然资源和生态资源,选择村落基址的基本原则是负阴抱阳、背山面水。

山水相依是苏南传统村落的重要特征,这一点在苏州东山、西山传统村落的选址格局上可以体现。太湖自然资源丰富,物产富饶,是东、西山居民重要的生活来源。东山和西山河道分布密集,分布了数十条河流。东山和西山主要由山地和平原组成,山地由山坞、丘陵和矮山组成,山坞根据规模可分成深坞和浅坞两种类型,东山和西山的大多数传统村落分布在山坞之中。

有学者根据东山和西山传统村落的选址格局,将其归纳为4种布局形态。[1]

1. 山坞型

这类村落的民居建筑隐居在山坞中,沿着山溪或支坞两侧分布,村落沿等高线呈内凹弯曲。西山堂里、植里等村落属于这种类型。

2. 湖湾型

这类村落背靠山丘,村落沿湖湾分布,平面形态成弧形内凹,与太湖相距较近。明月

---

[1] 曹健,张振雄.苏州洞庭东、西山古村落选址和布局的初步研究[J].苏州教育学院学报,2007(3):72-74,93.

湾、杨湾、徐湾、后埠等村落属于这种类型。

3. 山坞与山坞组合型

这类村落沿山坞内山溪和等高线分布,主轴平面形态呈"一"字型。东、西蔡和东村等村落属于这种类型。

4. 山坞-湖湾组合型

这类村落靠山面水,湖湾背靠山坞,风水景色特佳,平面形态呈"马蹄型"。甪里、三山等村落属于这种类型。

(二)工商发祥,兴商建村

古代随着商业贸易的发达,一些作为交通要道的驿站或者借助当地丰富的资源开展商贸活动的村落发展成为商贸交通型集镇。这些村落大体上是沿着商道、码头或者分布在驿站周围,依靠优越的交通便利条件,成为商品集散中心。

苏南传统商贸文化型村落都是位于古代商业水路交通要道上或者官道经过的地区,这些村落以商业功能为主导,主要依附于水运码头、商道而存在。按照最初形成的原因,苏南传统商贸文化型村落又可以分为交通型、港口型、资源型等。交通型村落处于古代交通要道上,依靠交通优势兴起,或者由驿站演变而来。南京漆桥村、苏州植里村即属于这种类型。

港口型村落一般位于水陆交通要道,沿着河流分布,因发达的水陆交通成为商埠码头,逐渐成较大的集镇。无锡严家桥村、常州焦溪村、常熟李市村、苏州南库村等即属于这种类型。

资源型村落一般拥有某种或某几种丰富而独特的资源而发展起来,苏州吴江在古代被誉为"丝绸之府",拥有丰富的蚕桑资源,一些村落种桑养蚕,生产丝织品,进行丝绸贸易,进而形成集镇。苏州吴江区龙泉嘴村、黄家溪村即属于这种类型。

(三)耕读传家,文化兴村

耕读文化是中国传统村落文化的重要组成部分,是在中国农业文明社会中形成的乡村文化,所宣扬的"忠厚传家远,读书济世长"的理念成为一种社会共识,潜移默化中影响着人们的价值取向。

苏南历来崇文重教,苏南各地都有一些由地方州府创办的府学或书院,宋代范仲淹创办的苏州府学开创了地方州府办学的先河。明清时期苏南各地建有大量的书院,如苏州太湖书院、常熟虞山书院、溧阳平陵书院等。书院为适应科举考试而形成,为封建社会培养了一大批优秀的人才。

苏州吴江区隐读村位于太湖,南宋时期,宋高宗来太湖游玩,夜晚路过村落看到灯火通明,隐隐约约听到孩童琅琅读书声,对这里的读书风气大加赞赏,隐读村因此而得名。

苏州东山陆巷村是苏南传统村落"耕读传家、文化兴村"的典型,除了连中解元、会元、探花的明代宰相王鏊,还有清康熙年间状元王世琛等二十多名进士和举人。礼社村走出过新中国两大经济学家——孙冶方和薛暮桥,礼社薛家在古代科举中考取功名的有数十人之多,近现代以来又在各个领域涌现出一些知名专家和学者。

中国古代耕读文化与宗族密不可分,苏南的很多村落中建有宗祠,耕读传家作为一种族规被写进宗谱,宗祠中的牌匾和楹联成为展示致仕族人光辉历程的窗口,以此激励族人苦读诗书,以考取功名光耀祖先为荣,这种耕读传家的思想成为苏南村落的家族传统。一些村落中的科举遗存正是说明这一点,苏州陆巷村留有解元、会元、探花三元牌坊,张家港市恬庄村留有榜眼府、杨氏孝坊等。

第三章 苏南传统村落文化资源概述

一、文化资源概念及其分类

文化资源是人类除自然资源外最重要的资源,它既存在于人类的物质领域,又存在于人类的精神领域,是人类社会发展的重要推动力。[1]

牛淑萍主编的《文化资源学》教材对文化资源的定义是,文化资源是指人类为开辟、发展和完善自己赖以生存的环境,在改造利用自然、维系社会规范和塑造人类自身的长期实践过程中所创造的物质文化、社会文化和精神文化资源。[2]

姚伟钧在《文化资源学》一书中认为文化资源按不同的标准可以形成不同的分类体系,从文化资源的历时性角度可以分为文化历史资源和文化现实资源;从文化资源的统计与评价的角度可以分为可度量文化资源和不可度量文化资源;根据文化资源的不同主题可以分为历史文化主题、红色文化主题、名人文化主题、商业文化主题、民俗风情主题、民族文化主题、海洋文化主题、宗教文化主题、城市文化主题、乡村文化主题等;根据文化资源开发频率可以分为充分开发的文化资源、一般开发的文化资源和开发不够的文化资源;从文化资源的形态属性可以分为物质(有形)文化资源、精神(无形)文化资源和文化智能资源;从可持续发展的角度可以分为可再生文化资源和不可再生文化资源;从文化资源的生成机制可以分为内生性文化资源和外生性文化资源等。我国的文化资源类型独特、存量丰富,很难将文化资源分为几类完全独立的体系,按照不同的分类标准呈现的文化资源的各种类型之间不是孤立的,而是相互联系、交错融合的一个整体。[3]

二、苏南传统村落文化资源的构成与基本特征

(一)苏南传统村落文化资源的构成

苏南传统村落文化资源由自然资源、建筑资源和人文资源构成,分为物质和非物质

---

[1] 杨涛.永州文化资源融入大学生道德素质教育的研究[D].中南大学,2014.
[2] 牛淑萍.文化资源学[M].福州:福建人民出版社,2012.
[3] 姚伟钧.文化资源学[M].北京:清华大学出版社,2015.

两种形态,物质形态的文化资源指的是传统村落周边的原生态自然风光,如山川河流、地貌地形等,以及传统村落的民居建筑、街巷空间、历史遗存等,非物质形态文化资源一般指的是传统村落的奇闻逸事、民风民俗、风土人情、名人文化等。

根据苏南传统村落的不同类型和文化资源的不同主题,将苏南传统村落文化资源分为建筑文化资源、生态文化资源、名人文化资源、红色文化资源、民俗文化资源、商贸文化资源、农耕文化资源、影视文化资源等。建筑文化资源主要指的是古民居、古遗址、寺庙、祠堂、戏台、书院、桥梁、古塔、古井等;生态文化资源指的是山川、河流、森林、田园、草原、湿地等自然资源;名人文化资源指的是名人故里、名人故居、名人墓葬等物质资源及与名人有关的史实政绩、文学作品、传说逸事等非物质资源;红色文化资源指的是革命遗址遗迹、烈士墓园等有形资源及革命英雄事迹、红色文艺等无形资源;民俗文化资源指的是广为流传的神话、传说、音乐、民间绘画、民间工艺以及传统岁时节俗、信仰、礼仪、风俗习惯等资源;商贸文化资源指的是与传统商贸有关的老街、商铺、驿馆、古道、码头以及商业老字号等资源;农耕文化资源指的是与传统农耕文明有关的稻作遗址、运河闸坝工程、农田灌溉工程、铁犁、水车以及耕种技术等;影视文化资源指的是与影视产业相关的影视城、影视基地、影视主题公园等,以及影视艺术作品、影视人物等资源。(表3-1)

表3-1 苏南传统村落文化资源分类一览表

大类	文化资源类型	类型细分	基本类型
苏南传统村落文化资源	建筑文化资源	古代遗址遗迹	古城池遗址、远古人类遗址
		功能性建筑	戏台、书院、祠堂
		民居建筑	亭台楼榭
		宗教建筑	寺庙、道观、佛塔
		防御守卫建筑	城墙、村堡
		纪念性建筑	钟楼、鼓楼、牌坊
		陵墓建筑	石阙、石坊、崖墓
		传统建筑思想	传统建筑选址、用材、工艺
	生态文化资源	自然生态资源	河流、山川、森林、草原、湿地
		生态景观资源	生态农业园、植物园、果园
	名人文化资源	名人故里	出生地
		名人故居	宅院、房舍
		名人墓葬	陵墓、塑像、碑刻
		名人逸事	民间传说、奇闻逸事等
		名人艺术	书法、绘画、文学作品
	红色文化资源	革命史迹及代表性建筑	革命旧址、革命领导人故居、战役战斗遗址
		纪念设施	纪念场馆、烈士墓园、墓碑

续表

大类	文化资源类型	类型细分	基本类型
苏南传统村落文化资源	红色文化资源	人物记录	革命英雄事迹、革命精神
		红色艺术	红色文艺作品、红色影视、红色歌谣
	民俗文化资源	民间习俗	传统岁时节俗、礼仪
		民间艺术	传统戏曲、传统曲艺
		民间技艺	传统手工技艺、传统体育
		风俗习惯	传统饮食、传统服饰
	商贸文化资源	商贸遗存	市、街、店、肆、码头、商道、驿馆
		商贸文化	商帮、商号、商业道德、商业法规、商业品牌、商业精神、商业民俗
	农耕文化资源	农耕遗址	稻作遗址
		农耕工程	运河、堤坝、堰
		农耕器具	铁犁、耧车、翻水车、筒车、石镰、石磨盘、手推磨
		农耕技术	稻田耕种技术、采茶制茶技术
		农耕习俗	农事谚语、农事节日习俗
	影视文化资源	影视产业	影视城、影视基地、影视场景、影视主题公园
		影视艺术	影视作品、影视人物、影视艺术元素

1. 建筑文化资源

传统村落建筑文化资源包含广泛，不仅仅有传统民居、古遗址、寺庙、祠堂、戏台、书院、桥梁、古塔、古井等物质资源，还包括村落建筑选址、选材、工艺等非物质资源。据不完全统计，苏南传统村落建筑文化资源中全国重点文物保护单位13处，分别为：南京市杨柳村的杨柳村古建筑群，蒲塘村的蒲塘桥，苏州市杨湾村的轩辕宫正殿、怀荫堂、明善堂，翁巷村的凝德堂，恬庄村的杨氏宅第，常州市仙姑村的金坛土墩墓群、三星村的三星村遗址，城里村的阖闾城遗址，镇江市南葛城村的葛城，千华村的隆昌寺建筑群，城上村的城上村遗址；省级文物保护单位23处，分别为苏州市陆巷村的遂高堂、会老堂，翁巷村的瑞霭堂，三山村的三山岛遗址及哺乳动物化石地点，东村村的栖贤巷门、锦绣堂、徐家祠堂，堂里村的仁本堂，涵村的涵村古店铺，无锡市礼社村的孙冶方故居、薛暮桥故居、黄土塘村的姚桐斌故居，常州市焦溪村的焦溪龙溪河古桥群，沙涨村的合剌普华墓，万绥村的万绥东岳庙戏楼，镇江市儒里村的朱氏宗祠，九里村的延陵季子碑、季河桥，镇江市黄墟村的冷遹旧居、殷氏宗祠及笃行堂，千华村的见月和尚墓，葛村的魏家墩土墩墓、解家祠堂正厅等；此外还有市级文物保护单位58处。（表3-2）

苏南传统村落在村落选址、建筑选材、建造工艺等方面都体现了具有苏南地域文化特色的建筑思想，这些都是苏南传统村落非物质建筑文化资源。苏州东山镇翁巷村是明清香山帮为代表的苏州精美建筑的荟萃之地,拥有全国重点文保单位——凝德堂,香山帮的传统建筑营造技艺在翁巷村得到了充分展示,香山帮的建筑技艺秉承了中国传统建筑的营造法式,有着浓厚的江南地域文化特色,在建筑装饰上则以苏式风格的木雕、砖雕、彩画见长。

表 3-2 苏南传统村落建筑文化资源一览表

序号	名称	始建年代	文保级别	坐落地址
1	杨柳村古建筑群	明	全国重点文保单位	南京市江宁区湖熟街道杨柳村
2	前杨柳村 264 号民居	清	区级文保单位	南京市江宁区湖熟街道杨柳村
3	前杨柳村 274 号民居	清	区级文保单位	南京市江宁区湖熟街道杨柳村
4	前杨柳村 298 号民居	清	区级文保单位	南京市江宁区湖熟街道杨柳村
5	前杨柳村 125 号民居	清	区级文保单位	南京市江宁区湖熟街道杨柳村
6	前杨柳村 230 号民居	清	区级文保单位	南京市江宁区湖熟街道杨柳村
7	前杨柳村 260 号民居	清	区级文保单位	南京市江宁区湖熟街道杨柳村
8	前杨柳村 366 号民居	清	区级文保单位	南京市江宁区湖熟街道杨柳村
9	前杨柳村朱氏宗祠	清	区级文保单位	南京市江宁区湖熟街道杨柳村
10	省六堂	清	市级历史建筑	南京市江宁区湖熟街道杨柳村
11	安雅堂	清	市级历史建筑	南京市江宁区湖熟街道杨柳村
12	酌雅堂	清	市级历史建筑	南京市江宁区湖熟街道杨柳村
13	漆桥、保平井	西汉	市级文保单位	南京市高淳区漆桥街道漆桥村
14	孔德秋民居	明	区级文保单位	南京市高淳区漆桥街道漆桥村
15	孔来金民居	清	区级文保单位	南京市高淳区漆桥街道漆桥村
16	漆桥村 260 号民居	清	区级文保单位	南京市高淳区漆桥街道漆桥村
17	呈村万寿桥	清	区级文保单位	南京市江宁区横溪街道许呈村大呈
18	蒲塘桥	明	全国重点文保单位	南京市溧水区洪蓝镇蒲塘村
19	梅盛古珞	明	区级文保单位	南京市高淳区砖墙镇三和社区中和
20	周和井	宋、元	区级文保单位	南京市高淳区砖墙镇三和社区中和村
21	中和村周氏民居(周典光民居)	民国	市级历史建筑	南京市高淳区砖墙镇三和社区中和村
22	高淳周氏宗祠	清	省级文保单位	南京市高淳区砖墙镇三和社区中和村
23	遂高堂	明	省级文保单位	苏州市吴中区东山镇陆巷村
24	王鏊墓	明	市级文保单位	苏州市吴中区东山镇陆巷村
25	会老堂	明	省级文保单位	苏州市吴中区东山镇陆巷村
26	陆巷古村	明、清	市级文保单位	苏州市吴中区东山镇陆巷村

续表

序号	名称	始建年代	文保级别	坐落地址
27	粹和堂	清	市控制保护建筑	苏州市吴中区东山镇陆巷村
28	凝德堂	明	全国重点文保单位	苏州市吴中区东山镇翁巷村
29	瑞霭堂	明	省级文保单位	苏州市吴中区东山镇翁巷村
30	柳毅井及碑	明	市级文保单位	苏州市吴中区东山镇翁巷村
31	启园	民国	市级文保单位	苏州市吴中区东山镇翁巷村
32	松风馆	民国	市级文保单位	苏州市吴中区东山镇翁巷村
33	修德堂严宅	清	市级文保单位	苏州市吴中区东山镇翁巷村
34	尊德堂严宅	清	市级文保单位	苏州市吴中区东山镇翁巷村
35	容春堂	清	市控制保护建筑	苏州市吴中区东山镇翁巷村
36	瞻瑞堂	清	市级文保单位	苏州市吴中区金庭镇明月湾村
37	裕耕堂	清	市级文保单位	苏州市吴中区金庭镇明月湾村
38	黄氏宗祠	清	市级文保单位	苏州市吴中区金庭镇明月湾村
39	明月寺	清	市级文保单位	苏州市吴中区金庭镇明月湾村
40	瞻乐堂	清	市控制保护建筑	苏州市吴中区金庭镇明月湾村
41	秦家祠堂	清	市控制保护建筑	苏州市吴中区金庭镇明月湾村
42	礼和堂	清	市控制保护建筑	苏州市吴中区金庭镇明月湾村
43	凝德堂	清	市控制保护建筑	苏州市吴中区金庭镇明月湾村
44	汉三房	清	市控制保护建筑	苏州市吴中区金庭镇明月湾村
45	仁德堂	清	市控制保护建筑	苏州市吴中区金庭镇明月湾村
46	姜宅	清	市控制保护建筑	苏州市吴中区金庭镇明月湾村
47	古码头	清	市控制保护建筑	苏州市吴中区金庭镇明月湾村
48	三山岛遗址及哺乳动物化石地点	旧石器晚期	省级文保单位	苏州市吴中区东山镇三山村
49	师俭堂	清	市级文保单位	苏州市吴中区东山镇三山村
50	轩辕宫正殿	元	全国重点文保单位	苏州市吴中区东山镇杨湾村
51	怀荫堂	明	全国重点文保单位	苏州市吴中区东山镇杨湾村
52	明善堂	明	全国重点文保单位	苏州市吴中区东山镇杨湾村
53	久大堂	清	市级文保单位	苏州市吴中区东山镇杨湾村
54	崇本堂	民国	市级文保单位	苏州市吴中区东山镇杨湾村
55	晋锡堂	清	市级文保单位	苏州市吴中区东山镇杨湾村
56	纯德堂	清	市级文保单位	苏州市吴中区东山镇杨湾村

续表

序号	名称	始建年代	文保级别	坐落地址
57	栖贤巷门	明	省级文保单位	苏州市吴中区金庭镇东村村
58	敬修堂	清	省级文保单位	苏州市吴中区金庭镇东村村
59	徐家祠堂	清	省级文保单位	苏州市吴中区金庭镇东村村
60	庆馀堂	清	市级文保单位	苏州市吴中区金庭镇东村村
61	萃秀堂	清	市级文保单位	苏州市吴中区金庭镇东村村
62	学圃堂	清	市控制保护建筑	苏州市吴中区金庭镇东村村
63	绍衣堂	清	市控制保护建筑	苏州市吴中区金庭镇东村村
64	敦和堂	清	市控制保护建筑	苏州市吴中区金庭镇东村村
65	孝友堂	清	市控制保护建筑	苏州市吴中区金庭镇东村村
66	维善堂	清	市控制保护建筑	苏州市吴中区金庭镇东村村
67	凝翠堂	清	市控制保护建筑	苏州市吴中区金庭镇东村村
68	禹王庙	清	市级文保单位	苏州市吴中区金庭镇衙甪里村
69	春熙堂	清	市级文保单位	苏州市吴中区金庭镇东蔡村
70	仁寿堂	清	市级文保单位	苏州市吴中区金庭镇植里村
71	植里古道及桥	清	市级文保单位	苏州市吴中区金庭镇植里村
72	后埠井亭	宋	市级文保单位	苏州市吴中区金庭镇蒋东村后埠村
73	承志堂	清	市级文保单位	苏州市吴中区金庭镇蒋东村后埠村
74	仁本堂	清	省级文保单位	苏州市吴中区金庭镇堂里村
75	沁远堂	清	市级文保单位	苏州市吴中区金庭镇堂里村
76	涵村古店铺	明	省级文保单位	苏州市吴中区金庭镇涵村
77	歇马桥石板街	民国	市级文保单位	苏州昆山市千灯镇歇马桥村
78	杨氏宅第	清	全国重点文保单位	苏州张家港市凤凰镇恬庄村
79	蒋宅	清	市级文保单位	苏州张家港市凤凰镇恬庄村
80	园茂里	清	市级文保单位	苏州张家港市塘桥镇金村
81	王家花园	清	市级文保单位	苏州张家港市塘桥镇金村
82	永昌寺	梁	市级文保单位	苏州张家港市塘桥镇金村
83	孙冶方故居	清	省级文保单位	无锡市惠山区玉祁镇礼社村
84	薛暮桥故居	清	省级文保单位	无锡市惠山区玉祁镇礼社村
85	礼社师范堂	清	市级文保单位	无锡市惠山区玉祁镇礼社村
86	礼社水龙宫	民国	市级文保单位	无锡市惠山区玉祁镇礼社村

续表

序号	名称	始建年代	文保级别	坐落地址
87	万善桥和梓良桥及沿岸	民国	市级文保单位	无锡市锡山区羊尖镇严家桥村
88	严家桥同济典当行	清	市级文保单位	无锡市锡山区羊尖镇严家桥村
89	严家桥春源布庄	民国	市级文保单位	无锡市锡山区羊尖镇严家桥村
90	严镇公井	民国	市级文保单位	无锡市锡山区羊尖镇严家桥村
91	唐氏花厅	清	市级文保单位	无锡市锡山区羊尖镇严家桥村
92	青龙桥	清	市级文保单位	无锡市江阴市霞客镇北渚村
93	洪口墩遗址	新石器	市级文保单位	无锡市滨湖区雪浪街道葛埭村
94	庵基墩遗址	新石器	市级控保单位	无锡市滨湖区雪浪街道葛埭村
95	姚桐斌故居	民国	省级文保单位	无锡市锡山区东港镇黄土塘村
96	太平桥	清	市级文保单位	常州市武进区前黄镇杨桥村
97	牧斋院	清	市级文保单位	常州市武进区前黄镇杨桥村
98	丁家塘丁宅	清	市级文保单位	常州市武进区前黄镇杨桥村
99	百岁庄	民国	市级文保单位	常州市武进区前黄镇杨桥村
100	焦溪龙溪河古桥群	清	省级文保单位	常州市武进区郑陆镇焦溪村
101	合剌普华墓	元	省级文保单位	常州溧阳市昆仑街道沙涨村
102	金坛土墩墓群	商周	全国重点文保单位	常州市金坛区薛埠镇仙姑村
103	三星村遗址	新石器	全国重点文保单位	常州市金坛区朱林镇西岗三星村
104	阖闾城遗址	春秋	全国重点文保单位	常州市武进区雪堰镇城里村
105	余巷冯氏宗祠	清	市级文保单位	常州市武进区横林镇余巷村
106	冯仲云故居	清	市级文保单位	常州市武进区横林镇余巷村
107	碧云庵	清	市级文保单位	常州市武进区横林镇余巷村
108	余巷薛氏宗祠	清	市级文保单位	常州市武进区横林镇余巷村
109	白塔	清	市级文保单位	常州市武进区遥观镇塘桥村
110	万绥东岳庙戏楼	清	省级文保单位	常州市新北区孟河镇万绥村
111	万绥东岳庙	清	市级文保单位	常州市新北区孟河镇万绥村
112	永安桥	清	市级文保单位	常州市新北区孟河镇万绥村
113	清代寺庙	清	市级文保单位	常州市金坛区指前镇东浦村
114	始迁祖肇穴之碑	清	市级文保单位	常州市金坛区儒林镇鲁墅村
115	薛埠镇上阮土墩墓群	周	市级文保单位	常州市金坛区薛埠镇上阮村
116	岫山储氏祠堂碑记	明	市级文保单位	常州市金坛区儒林镇柚山村

续表

序号	名称	始建年代	文保级别	坐落地址
117	唐井	唐	市级文保单位	常州溧阳市社渚镇社渚村
118	张家祠堂	清	市级文保单位	镇江市新区姚桥镇华山村
119	朱氏宗祠	清	省级文保单位	镇江市新区姚桥镇儒里村
120	延陵季子碑	唐	省级文保单位	镇江丹阳市延陵镇九里村
121	季河桥	明	省级文保单位	镇江丹阳市延陵镇九里村
122	眭氏节孝坊	清	县级文保单位	镇江丹阳市延陵镇柳茹村
123	贡氏宗祠	明	县级文保单位	镇江丹阳市延陵镇柳茹村
124	王公祠	明	县级文保单位	镇江丹阳市延陵镇柳茹村
125	贡氏书院	明	县级文保单位	镇江丹阳市延陵镇柳茹村
126	冷遹旧居	民国	省级文保单位	镇江市丹徒区辛丰镇黄墟村
127	殷氏宗祠及笃行堂	清	省级文保单位	镇江市丹徒区辛丰镇黄墟村
128	隆昌寺建筑群	南北朝	全国重点文保单位	镇江句容市宝华山千华村
129	见月和尚墓	清	省级文保单位	镇江句容市宝华山千华村
130	城上村遗址	新石器	全国重点文保单位	镇江句容市开发区城上村
131	葛城	西周—春秋	全国重点文保单位	镇江丹阳市珥陵镇南葛城村
132	魏家墩土墩墓	西周	省级文保单位	镇江市新区丁岗镇葛村
133	解家祠堂正厅	明	省级文保单位	镇江市新区丁岗镇葛村
134	萧氏宗祠	元	市级文保单位	镇江丹阳市访仙镇萧家村

2. 生态文化资源

生态文化资源是一种以自然生态环境和人文历史环境为主的文化资源,它体现的是人与自然、人与社会和谐共生。生态文化资源不仅体现在自然资源方面,还体现在文化资源方面;既要重视生态自然资源的开发,更要重视生态文化的建设,包括转变经济增长方式、培育全社会的生态文化意识等。[①]

传统村落的生态文化资源指的是森林、河流、山脉、良田等自然生态系统,以及具有文化底蕴的文化资源,包括农业生态资源、生态园林资源、生态水体资源以及动植物园等。

苏南传统村落大多分布在自然环境优美、人文环境良好的地区,苏州西山传统村落众多,有东村村、衙甪里村、东蔡村、植里村、后埠村、堂里村、明月湾村等。这些传统村落位于西山之畔,太湖之滨,太湖岛屿共有近30个,居民常年居住的有西洞庭山、横山、阴

---

① 蒋谦.生态文化资源开发中的问题及对策[J].学习月刊,2013(21):31-32.

山岛等。西山自然风光优美，拥有湖中群岛、湖湾山水、山中坞谷、山顶峰峦四个风景层次，石公山、林屋洞、缥缈峰、古樟园等自然风光，碧螺春茶园、李子园、枇杷园、杨梅园、桃园、石榴园、枣园、葡萄园、梨园、橘园等生态水果园。（表3-3）

东山镇陆巷村、杨湾村、翁巷村、三山村位于太湖东南岸，东山半岛西南部，与洞庭西山、光福邓尉等72峰交汇而成绮丽宽广的太湖风景区。拥有雨花胜境、莫厘峰、芙蓉峰、翠峰、九峰、小莫厘，丰圻、小长湾、尚锦、吴湾（洪湾）诸岭等自然景观，生态景观有洞庭碧螺春茶园、东山白玉枇杷园、柑橘园等。

苏州西山和东山的传统村落生态文化资源丰富，拥有完整的生态自然环境，独特的自然和文化景观，深厚历史文化底蕴，自然和人文景观完美融合，将生态环境和文化环境紧密结合，开发生态文化旅游，可以实现传统村落经济价值。

表3-3 苏南传统村落生态文化资源一览表

村落	资源名称	所属类别
南京市江宁区湖熟街道前杨柳村	马场山、杨柳湖	自然生态资源
	农田	生态景观资源
南京市高淳区漆桥镇漆桥村	漆桥河、溪河、北游山	自然生态资源
	茶园、农田	生态景观资源
南京市江宁区江宁街道黄龙岘	牌坊水库、战备水库、黄龙潭、荷塘湿地、龟山、藏龙坡	自然生态资源
	茶园、果园	生态景观资源
苏州市吴中区东山镇陆巷村	莫厘峰、碧螺峰、太湖、寒谷山、化龙泉、沙岭	自然生态资源
	碧螺春茶园、杨梅林、枇杷林、橘子林、古银杏树、雨花胜境	生态景观资源
苏州市吴中区金庭镇明月湾村	石公山、东山岭、陈毛山、潜龙岭、里山、南湾山、石牌山、太湖、古樟树	自然生态资源
	碧螺春茶园、杨梅林、枇杷林、橘子林	生态景观资源
苏州市吴中区东山镇三山村	三山岛、太湖	自然生态资源
	枇杷园、杨梅园、橘园、枣园	生态景观资源
苏州市吴中区东山镇杨湾村	洞庭山、太湖、长圻山、铜鼓山、泗州池、鸡笼山	自然生态资源
	银杏林、枇杷园、杨梅园、橘园	生态景观资源
苏州市吴中区东山镇翁巷村	莫厘峰、芙蓉峰、金牛岭、吟凤冈、翠峰坞、纯阳坞、金家河	自然生态资源
	碧螺春茶园、杨梅园、橘园	生态景观资源
苏州市吴中区金庭镇东村村	凤凰山、太湖	自然生态资源
	碧螺春茶园、杨梅园、枇杷园、橘园	生态景观资源

续表

村落	资源名称	所属类别
苏州市常熟市古里镇李市村	迎斗泾河、小泾河	自然生态资源
	稻田、果园	生态景观资源
苏州市吴中区金庭镇衙甪里村	西山、太湖	自然生态资源
	碧螺春茶园、杨梅园、枇杷园、橘园	生态景观资源
苏州市吴中区金庭镇东蔡村	西山、太湖	自然生态资源
	碧螺春茶园、杨梅园、枇杷园、橘园	生态景观资源
苏州市吴中区金庭镇植里村	西山、太湖	自然生态资源
	碧螺春茶园、杨梅园、枇杷园、橘园、古樟树	生态景观资源
苏州市吴中区香山街道舟山村	穹窿山、太湖、舟山、南宫塘（北塘河）、南塘河、大王庙浜、新开河、黄巨河	自然生态资源
	农田、果园	生态景观资源
苏州市昆山市千灯镇歇马桥村	石铺河	自然生态资源
	果园、菜园、桂花树、黄杨	生态景观资源
苏州市吴中区金庭镇蒋东村后埠村	西山、太湖	自然生态资源
	碧螺春茶园、杨梅园、枇杷园、橘园	生态景观资源
苏州市吴中区金庭镇堂里村	西山、太湖	自然生态资源
	碧螺春茶园、杨梅园、枇杷园、橘园	生态景观资源
苏州市吴中区光福镇窑上村	西碛山、卧龙山、铜井山、卧龙泉、太湖	自然生态资源
	桂花园、果园、农田	生态景观资源
无锡市惠山区玉祁镇礼社村	五牧运河、薛家浜、九潭十三浜	自然生态资源
	蔬菜园、农田	生态景观资源
无锡市锡山区羊尖镇严家桥村	永兴河、严羊河	自然生态资源
	稻田、桃园、苗木园	生态景观资源
常州市武进区前黄镇杨桥村	西太湖、杨桥浜、朱家浜、堵家浜、观音浜、新街浜	自然生态资源
	葡萄园、桃园	生态景观资源
常州市武进区郑陆镇焦溪村	舜过山、凤凰山、秦望山、鹤山、石堰山、舜河、龙溪河	自然生态资源
	翠冠梨园、葡萄园	生态景观资源
常州市金坛区薛埠镇上阮村	茅山、向阳水库、瓦沟水库、菱角坝水库、美雄坝水库、头棚水库、青龙洞水库	自然生态资源
	茶园、江南孔雀园、葡萄园、樱桃园、桃园	生态景观资源

续表

村落	资源名称	所属类别
常州市溧阳市戴埠镇深溪岕村	南山竹海、金牛岭、青龙潭	自然生态资源
	青檀树、古松园、樱桃园、桃园	生态景观资源
镇江市新区姚桥镇华山村	捆山河、黄花塘	自然生态资源
	银杏树、稻田	生态景观资源
镇江市新区姚桥镇儒里村	圌山、扬子江、太平河、砚池塘、潮水河	自然生态资源
	果园、稻田	生态景观资源
镇江市丹阳市延陵镇九里村	茅山、香草河	自然生态资源
	苗木园、葡萄园、草莓园、稻田	生态景观资源
镇江市丹阳市延陵镇柳茹村	茅山、香草河、柳塘、神河、东长沟、西长沟	自然生态资源
	柳树、稻田、银杏树	生态景观资源
镇江市丹徒区辛丰镇黄墟村	马迹山、磨盘山、马迹水库	自然生态资源
	林场、樱花园	生态景观资源

3. 名人文化资源

名人文化资源体现的是不同地区在一定历史时期社会经济和文化发展水平,名人文化资源体现了一定区域内历史文化特色,凝聚了一定区域内的文化内涵,承载着一定区域内的民族精神。名人文化资源价值重大,蕴含着厚重的文化底蕴和精神内涵,对后世影响极深,成为引领区域经济社会发展的风向标。开发名人文化资源不仅可以带来经济效益,还可以将名人文化资源自身蕴含的精神正能量传播出去,成为鼓舞后人奋发向上的前进动力。

名人文化资源指的是名人故里、名人故居、名人墓葬、名人塑像、名人碑刻等物质资源及与名人有关的史实政绩、文学作品、传说逸事等非物质资源。江苏自古以来人杰地灵,名人辈出,涌现出大批声名远播的名人。苏南传统村落地处江南富庶繁华之地,自然风光秀丽,历史古迹众多,吸引了大批文人到此游览、隐居。(表3-4)

苏州西山和东山山清水秀,风景秀丽,自古以来都是名人隐居之地。汉代"商山四皓"隐于西山,其中东园公隐居在东村,甪里先生隐居在甪里村。唐代大诗人白居易在苏州担任刺史时,曾坐船来到西山,留下《早发赴洞庭舟中作》记游诗数首,其中一首诗中提到明月湾村名。皮日休、陆龟蒙、范仲淹等一大批文人先后多次到西山和东山游玩,这些名人在西山和东山留下了大量的遗址遗迹。西山东村的栖贤巷门是东园公隐居于此经常出入山的一条街巷门,东山宝俭堂是宋代大词人叶梦得的故宅。

名人所处的自然环境、社会风尚和人文精神等因素也对后人产生了深远的影响,这些都是重要的文化资源。苏南自古以来书香门第众多,崇文重教的优秀传统延绵不断,很多家庭注重家学书香,世代以读书为业,以考取功名为目标。苏州陆巷村是明代宰相王鏊故里,王鏊乡试第一得解元;第二年礼部会试,中头名会元;殿试时中探花及第,从此留下了这解元、会元、探花三牌坊。后世受其影响,考取功名者甚多,多人考中进士,其中八世孙王世琛考中清代状元。

表 3-4　苏南传统村落名人文化资源一览表

名人	所属领域	历史成就	与之相关村落	旅游资源
张履鸿	科技类	昆虫学家	南京市江宁区湖熟街道杨柳村	
朱政惠	文化类	中国海外中国学研究学科领域的开创者和奠基人之一	南京市江宁区湖熟街道杨柳村	
孔文昱	文化类	孔子五十四代孙、高淳孔氏始祖	南京市高淳区漆桥镇漆桥村	
王鏊	文化类	明代宰相、文学家	苏州市吴中区东山镇陆巷村	王鏊墓、会老堂、惠和堂、解元、会元、探花三牌坊
王世琛	文化类	王鏊八世孙、清代状元	苏州市吴中区东山镇陆巷村	状元墙门
黄训	文化类	明代进士	苏州市吴中区东山镇陆巷村	
叶梦得	文化类	宋代词人、户部尚书、大学士	苏州市吴中区东山镇陆巷村	宝俭堂
叶祚	文化类	明代进士	苏州市吴中区东山镇陆巷村	
王禹声	文化类	王鏊曾孙、明代进士	苏州市吴中区东山镇陆巷村	
吴嘉桢	文化类	明代进士	苏州市吴中区东山镇陆巷村	
叶灼棠	文化类	清代进士	苏州市吴中区东山镇陆巷村	
王关伯	文化类	王鏊九世孙、清代进士	苏州市吴中区东山镇陆巷村	
王泳春	文化类	王鏊十一世孙、清代进士	苏州市吴中区东山镇陆巷村	
王颂蔚	文化类	王鏊第十三世孙、蔡元培恩师	苏州市吴中区东山镇陆巷村	
王季烈	科技类	王鏊第十四世孙、清末民初物理学著作翻译家	苏州市吴中区东山镇陆巷村	

续表

名人	所属领域	历史成就	与之相关村落	旅游资源
许志行	文化类	近代作家、教师,与毛泽东有兄弟情谊的知识分子	苏州市吴中区东山镇陆巷村	
叶云乔	军事类	国民党中将、抗战英雄	苏州市吴中区东山镇陆巷村	
邱培泉	军事类	少将、国防大学政治部副主任	苏州市吴中区东山镇陆巷村	
王守武	科技类	中国科学院院士、半导体器件物理学家、微电子学家,中国半导体科学技术的开拓者与奠基人之一	苏州市吴中区东山镇陆巷村	
王守觉	科技类	中国科学院院士、半导体电子学家	苏州市吴中区东山镇陆巷村	
王义翘	科技类	美国工程院院士	苏州市吴中区东山镇陆巷村	
王季同	科技类	清末民初的数学家和机电专家	苏州市吴中区东山镇陆巷村	
王守竞	科技类	量子力学专家	苏州市吴中区东山镇陆巷村	
王守融	科技类	精密机械及仪器学家和仪器仪表工程教育家	苏州市吴中区东山镇陆巷村	
王淑贞	科技类	中国卓越的妇产科专家之一	苏州市吴中区东山镇陆巷村	
王季绪	科技类	中国工程界创始人之一	苏州市吴中区东山镇陆巷村	
王季玉	教育类	教育家、江苏师范学院附中(即原振华女中)名誉校长	苏州市吴中区东山镇陆巷村	
叶衍庆	科技类	骨科专家、中华骨科学会名誉会长	苏州市吴中区东山镇陆巷村	
叶栋	文化类	中国民族音乐学家、首次全面解译《敦煌曲谱》	苏州市吴中区东山镇陆巷村	
邓廷桢	军事类	明月湾村邓氏后裔,清代官吏,鸦片战争名将之一	苏州市吴中区金庭镇明月湾村	
暴式昭	政治类	清代甪里巡检司、廉吏	苏州市吴中区金庭镇明月湾村	廉吏暴式昭纪念馆
张知笙	经济类	民国上海钱业公会主席	苏州市吴中区东山镇杨湾村	

续表

名人	所属领域	历史成就	与之相关村落	旅游资源
郑泽南	经济类	民国糖业公会主席	苏州市吴中区东山镇杨湾村	
朱穰丞	文化类	中国近代话剧先驱之一	苏州市吴中区东山镇杨湾村	
陆澹安	文化类	中国现代文学家、侦探小说家、古典文学研究家	苏州市吴中区东山镇杨湾村	
叶肇宏	军事类	少将、辽宁省军区副政委	苏州市吴中区东山镇杨湾村	
席温	军事类	东山席氏始祖、唐朝武卫上将军	苏州市吴中区东山镇翁巷村	席温将军墓
翁笾	经济类	明代东山大商人	苏州市吴中区东山镇翁巷村	
翁万裕	军事类	明武科进士	苏州市吴中区东山镇翁巷村	
翁长芬	文化类	清代进士	苏州市吴中区东山镇翁巷村	
翁慧生	文化类	明末清初武术家	苏州市吴中区东山镇翁巷村	
席元乐	经济类	清朝大商人	苏州市吴中区东山镇翁巷村	
席正甫	经济类	清末民国企业家、银行家	苏州市吴中区东山镇翁巷村	
东园公	政治类	汉代"商山四皓"之一	苏州市吴中区金庭镇东村村	栖贤巷门
周术	政治类	汉代"商山四皓"之一	苏州市吴中区金庭镇衙甪里村	
蔡源	政治类	蔡氏始祖、宋代秘书郎	苏州市吴中区金庭镇东蔡村	
蔡羽	艺术类	明代文学家、书法家、书法理论家，"吴门十才子"之一	苏州市吴中区金庭镇东蔡村	
秦仪	政治类	宋代驸马、秦观八世孙	吴中区金庭镇东蔡村	秦仪墓
殷根福	艺术类	著名橄榄核雕大师	苏州市吴中区香山街道舟山村	
韩世忠	军事类	南宋抗金名将	苏州市昆山市千灯镇歇马桥村	歇马桥、韩世忠纪念馆

续表

名人	所属领域	历史成就	与之相关村落	旅游资源
费孝友	文化类	清代大孝子	苏州市吴中区金庭镇蒋东村后埠村	费孝子祠、承志堂
徐徽言	军事类	宋代抗金名将	苏州市吴中区金庭镇堂里村	仁本堂
孙承恩	文化类	清顺治状元	苏州张家港市凤凰镇恬庄村	孙承恩故居
杨泗孙	文化类	清咸丰榜眼	苏州张家港市凤凰镇恬庄村	榜眼府
孙冶方	经济类	著名经济学家,老一辈无产阶级革命家	无锡市惠山区玉祁镇礼社村	孙冶方故居
薛暮桥	经济类	当代中国杰出经济学家,中国经济学界泰斗	无锡市惠山区玉祁镇礼社村	薛暮桥故居
秦伯益	科技类	中国工程院医药卫生学部院士、药理学家	无锡市惠山区玉祁镇礼社村	
薛禹群	科技类	地质学家、中科院院士	无锡市惠山区玉祁镇礼社村	
薛禹胜	科技类	稳定性理论及电力系统自动化专家,中国工程院院士	无锡市惠山区玉祁镇礼社村	
薛明剑	经济类	民国实业家、教育家	无锡市惠山区玉祁镇礼社村	
薛佛影	艺术类	微雕大师、特级工艺美术大师	无锡市惠山区玉祁镇礼社村	薛佛影旧居
薛桂轮	经济类	矿业专家	无锡市惠山区玉祁镇礼社村	
秦古柳	艺术类	国画家,代表作《黄山图》、《松鹰图》、《墨笔山水大幅》	无锡市惠山区玉祁镇礼社村	秦家大院
薛邦祺	科技类	老年医学专家	无锡市惠山区玉祁镇礼社村	
薛正	教育类	女性教育家	无锡市惠山区玉祁镇礼社村	
薛尊龄	经济类	钱币专家	无锡市惠山区玉祁镇礼社村	
唐懋勋	经济类	无锡唐氏先祖景溪公、大商人	无锡市锡山区羊尖镇严家桥村	
唐星海	经济类	实业家、纺织企业家、现代企业管理者	无锡市锡山区羊尖镇严家桥村	唐星海故居

续表

名人	所属领域	历史成就	与之相关村落	旅游资源
唐君远	经济类	爱国资本家	无锡市锡山区羊尖镇严家桥村	
唐翔千	经济类	前全国政协常委,香港知名实业家	无锡市锡山区羊尖镇严家桥村	
唐英年	政治类	曾任香港政务司司长、香港财政司司长	无锡市锡山区羊尖镇严家桥村	
严廷初	艺术类	第一位锡剧作家	无锡市锡山区羊尖镇严家桥村	
青宝姑娘	艺术类	第一位锡剧女艺人	无锡市锡山区羊尖镇严家桥村	
袁仁仪	艺术类	锡剧进上海第一人	无锡市锡山区羊尖镇严家桥村	
高晓声	文化类	作家、代表作《陈奂生上城》	常州市武进区郑陆镇焦溪村	高晓声故居
合剌普华	政治类	元代著名回鹘民族官吏	常州市溧阳昆仑街道沙涨村	合剌普华墓
偰文质	政治类	偰姓立姓始祖	常州市溧阳昆仑街道沙涨村	偰文质墓
普颜不花	政治类	元朝状元	常州市溧阳昆仑街道沙涨村	
薛应旂	文化类	明朝学者、藏书家	常州市武进区横林镇余巷村	薛氏宗祠
冯仲云	军事类	东北抗联名将	常州市武进区横林镇余巷村	冯仲云故居
冯铉	政治类	革命家、谍报专家、曾任中共中央对外联络部副部长	常州市武进区横林镇余巷村	冯氏宗祠
冯元桢	科技类	生物力学之父、中科院院士	常州市武进区横林镇余巷村	
薛伯青	艺术类	电影摄影师、曾拍摄《二泉映月》、《永不消逝的电波》	常州市武进区横林镇余巷村	
萧道成	政治类	南朝齐高帝	常州市新北区孟河镇万绥村	
萧衍	政治类	南朝梁武帝	常州市新北区孟河镇万绥村	
贡祖文	军事类	南宋抗金将领,岳飞挚友	镇江市丹阳市延陵镇柳茹村	

续表

名人	所属领域	历史成就	与之相关村落	旅游资源
冷遹	政治类	民主政治家、曾任江苏省副省长	镇江市丹徒区辛丰镇黄墟村	冷遹故居
季子	政治类	春秋时期吴国公子、政治家、外交家	镇江丹阳市延陵镇九里村	季子庙、延陵季子碑、十字碑亭

4. 红色文化资源

红色文化资源分为物质形态与非物质形态两个部分,物质形态的指的是重要历史事件和重要机构旧址、重要人物活动纪念地、革命领导人故居、烈士墓、纪念场馆等物质载体,非物质形态指的是红色革命精神、革命英雄事迹、红色文艺作品、红色革命标语等。(表3-5)

江苏是中国新民主主义革命主要发源地之一,中国共产党在苏南领导抗日军民创建、发展和巩固苏南抗日根据地,在苏南浴血奋战,英勇抵抗日本帝国主义侵略,在苏南的传统村落留下了大量珍贵的红色文化资源。

根据《江苏省革命遗址通览》对分布在苏南传统村落的革命遗址遗迹、纪念场馆、名人故居、烈士墓园等物质形态的红色文化资源进行了梳理,据不完全统计有三十多处,其中常州溧阳市竹箦镇水西村的新四军江南指挥部旧址为国家级文保单位、全国爱国主义教育基地,南京江宁区横溪街道大呈村的横山县抗日民主政府旧址、无锡惠山区玉祁街道礼社村的薛暮桥故居和孙冶方故居、镇江丹徒区辛丰镇黄墟村的冷遹故居为省级文保单位。

苏南传统村落非物质形态的红色文化资源有红色精神、红色英雄事迹、红色文艺作品、红色标语等。红色精神是革命志士仁人在革命过程中形成的一种不畏艰难险阻、不畏牺牲的大无畏的革命斗争精神,是实现中华民族伟大复兴的强大精神动力。溧阳市水西村是新四军江南指挥部所在地,陈毅、粟裕在这里领导抗日军民共同浴血奋斗,建立和巩固了苏南抗日根据地,与敌进行了长期艰苦卓绝的斗争,形成了"理想信念坚定,人民利益至上,不畏艰难困苦,乐于奉献牺牲"的水西精神。

南京溧水区李巷村是重点红色革命村落,抗战期间曾是苏南反顽战役的根据地,陈毅、粟裕、江渭清等都曾率军在此驻扎。新四军全体将士以此为革命根据地,与日寇展开了艰苦卓绝的斗争,留下了无数个慷慨激昂的革命英雄事迹。

表3-5 苏南传统村落红色文化资源一览表

地区	名称	具体位置	类别	保护级别
南京	大李巷村地下交通总站旧址	溧水区白马镇李巷村	重要历史事件和重要机构旧址	区级文保单位
	江渭清居住地遗址	溧水区白马镇李巷村	损毁遗址	未定
	钟国楚居住地遗址	溧水区白马镇李巷村	损毁遗址	未定

续表

地区	名称	具体位置	类别	保护级别
南京	谦泰染坊旧址——中共溧高县工作委员会活动地	高淳区漆桥镇漆桥村	重要历史事件和重要机构旧址	未定
	福昌五洋商店旧址——中共漆桥区委活动地	高淳区漆桥镇漆桥村	重要历史事件和重要机构旧址	未定
	游子山烈士陵园	高淳区漆桥镇漆桥村	纪念设施	区级文保单位
	溧高县抗日民主政府	高淳区桠溪镇西舍村	重要历史事件和重要机构旧址	市级文保单位
	溧高县纺织厂	高淳区桠溪镇西舍村	重要历史事件和重要机构旧址	未定
	溧高县国华初级中学	高淳区桠溪镇西舍村	损毁遗址	未定
	溧高县抗日民主政府大会堂	高淳区桠溪镇西舍村	重要历史事件和重要机构旧址	未定
	横山县抗日民主政府旧址	江宁区横溪街道许呈村大呈村	重要历史事件和重要机构旧址	省级文保单位
苏州	中共金村支部旧址	张家港市塘桥镇金村	重要历史事件和重要机构旧址	未定
	新四军淞沪抗日史迹陈列馆	昆山市千灯镇歇马桥村	纪念设施	未定
	周达明烈士纪念馆	昆山市千灯镇歇马桥村	纪念设施	未定
无锡	苏浙公学旧址	宜兴市太华镇太华村	重要历史事件和重要机构旧址	未定
	新四军1纵（司令部）纪念地	宜兴市太华镇太华村	重要历史事件和重要机构旧址	市级文保单位
	汤松林、王瑛烈士墓	宜兴市太华镇太华村	烈士墓	未定
	徐霞客镇烈士陵园	江阴市徐霞客镇北渚村	纪念设施	县级文保单位
	黄土塘战斗纪念碑	锡山区东港镇黄土塘村	纪念设施	区级文保单位
	薛暮桥故居	惠山区玉祁街道礼社村	革命领导人故居	省级文保单位
	孙冶方故居	惠山区玉祁街道礼社村	革命领导人故居	省级文保单位

续表

地区	名称	具体位置	类别	保护级别
常州	新四军江南指挥部纪念馆	溧阳市竹箦镇水西村	纪念设施	国家级文保单位
	中共太滆地委新四军南杨桥交通站旧址	武进区前黄镇杨桥村	重要历史事件与重要机构旧址	市级文保单位
	舜过山战斗旧址	武进区郑陆镇焦溪村	重要历史事件与人物活动纪念地	未定
	塘马战斗烈士陵园	溧阳市别桥镇塘马村	纪念设施	县级
	冯仲云故居	武进区横林镇余巷村	革命领导人故居	市级文保单位
镇江	贡氏宗祠——陈毅及新四军第1支队2团指战员活动地	丹阳市延陵镇柳茹村	重要历史事件和重要人物活动纪念地	县级文保单位
	蒋庄战斗纪念碑	丹阳市延陵镇九里村	纪念设施	未定
	宦德胜烈士纪念碑	丹徒区辛丰镇黄墟集镇东南	纪念设施	未定
	冷遹故居	丹徒区辛丰镇黄墟村	革命领导人故居	省级文保单位
	山北县委县政府旧址	新区姚桥镇华山村	重要历史事件与重要机构旧址	未定

5. 民俗文化资源

民俗文化资源是人民大众在长期的生产和生活中创造出来和传承下去的民间文化，是在同一地域范围内经历了长期的历史积淀形成的文化传统。民俗文化资源具有典型的地方文化特色和艺术赏析价值，包括民间习俗、民间艺术、民间技艺、风俗习惯等诸多方面。

南京是六朝文化的发祥地，苏州、无锡、常州、镇江是吴文化的发祥地，不同的文化交织在一起，与地域文化融合，形成具有鲜明地域特征的民间文化。

苏南传统村落民俗文化资源丰富，类型多样，有传统音乐、传统锡剧、民间文学、传统美术、传统技艺、传统体育、传统舞蹈、民俗文化、传统饮食、传统服饰等。（表3-6）

苏州市金庭镇的明月湾村、衙甪里村、东蔡村、植里村、东村村、堂里村、后埠村位于西山之畔，太湖之滨，不仅物质文化资源丰富，还有很多民俗文化资源，如国家级非遗项目——传统技艺碧螺春茶制作技艺，市级非遗项目——传统技艺西山根艺，传统音乐洞庭西山陈巷十番锣鼓，区级非遗项目——传统音乐消夏渔歌、传统舞蹈西山夹竹龙。

苏州市东山镇的陆巷村、三山村、杨湾村、翁巷村位于洞庭东山岛上，非物质文化遗产丰富，种类繁多。有国家级非遗项目——传统技艺苏绣、碧螺春茶制作技艺，省级非遗项目——传统体育台阁，市级非遗项目——民俗东山三月会、东山猛将会等。

无锡市礼社村不仅名人众多,各级各类非遗项目也是多彩纷呈,是著名的"龙舞之乡"。省级非遗项目传统舞蹈玉祁龙舞将中国传统的舞龙转化成龙舞,融合了北方舞龙的彪悍和南方舞龙的柔美,体现了浓郁的江南地域文化特色。还有省级非遗项目传统技艺玉祁双套酒酿造技艺,传统技艺礼社大饼制作技艺、玉祁水芹菜栽培技艺,传统舞蹈马灯舞、凤舞等。

表3-6 苏南传统村落民俗文化资源一览表

村落名称	民俗文化资源	类别	非遗级别
南京市江宁区湖熟街道前杨柳村	湖熟纸扎技艺	传统技艺	区级
	杨柳村十番锣鼓	传统音乐	区级
	杨柳湖高跷	传统舞蹈	区级
	万安脸子会	传统舞蹈	市级
	湖熟板鸭	传统技艺	省级
	湖熟民歌	传统音乐	区级
	荡湖船	传统舞蹈	区级
	采茶灯	传统舞蹈	区级
	杨柳村的由来	民间文学	未定
	马场山传说	民间文学	未定
南京市高淳区漆桥镇漆桥村	高淳民歌	传统音乐	省级
	脱尾龙传说	民间文学	市级
	平丞相造漆桥	民间文学	市级
南京市溧水区洪蓝镇蒲塘村蒲塘	蒲塘庙会	民俗	省级
南京市高淳区东坝镇东坝村汤家	东坝大马灯	传统舞蹈	国家级
苏州市吴中区东山镇陆巷村、三山村、杨湾村、翁巷村	苏绣	传统技艺	国家级
	碧螺春茶制作技艺	传统技艺	国家级
	台阁	传统体育	省级
	东山三月会	民俗	市级
	东山婚俗	民俗	区级
	东山猛将会	民俗	市级
苏州市吴中区金庭镇明月湾村、衙甪里村、东蔡村、植里村、东村村、堂里村、后埠村	碧螺春茶制作技艺	传统技艺	国家级
	西山根艺	传统技艺	市级
	洞庭西山陈巷十番锣鼓	传统音乐	市级
	西山夹竹龙	传统舞蹈	区级
	消夏渔歌	传统音乐	区级

续表

村落名称	民俗文化资源	类别	非遗级别
苏州市吴中区香山街道舟山村	光福核雕	传统技艺	国家级
苏州市常熟市古里镇李市村	白茆山歌	民间文学	国家级
	常熟宝卷	曲艺	市级
苏州市昆山市千灯镇歇马桥村	昆曲	表演艺术	世界级
	千灯跳板茶	传统舞蹈	省级
苏州市张家港市塘桥镇金村	金村庙会	民俗	国家级
无锡市惠山区玉祁镇礼社村	玉祁双套酒酿造技艺	传统技艺	省级
	玉祁龙舞	传统舞蹈	省级
	礼社大饼制作技艺	传统技艺	市级
	马灯舞	传统舞蹈	市级
	凤舞	传统舞蹈	市级
	玉祁水芹菜栽培技艺	传统技艺	市级
	礼社庙会	民俗	未定
无锡市锡山区羊尖镇严家桥村	锡剧	传统戏剧	国家级
无锡市锡山区东港镇黄土塘村	圆作(木器)制作技艺	传统技艺	市级
常州市武进区前黄镇杨桥村	杨桥庙会	民俗	省级
	杨桥捻纸	传统美术	市级
	调三十六行	传统舞蹈	市级
	捐轮车	传统体育	市级
	调犟牛	传统舞蹈	市级
	苏东坡"红友酒"酿制技艺	传统技艺	市级
常州市武进区郑陆镇焦溪村	锡剧	传统戏剧	国家级
	常州小热昏	曲艺	国家级
	常州宣卷	曲艺	省级
	常州唱春	曲艺	省级
	焦店扣肉制作技术	传统技艺	市级
	竹器制作技艺	传统技艺	区级
常州市溧阳市溧城镇泓口村	泓口丝弦	传统音乐	省级
常州市溧阳市昆仑街道沙涨村	沙涨村庙会	民俗	未定
	公堂开门	民俗	未定
	跳马灯	传统舞蹈	未定

续表

村落名称	民俗文化资源	类别	非遗级别
常州市溧阳市社渚镇社渚村	傩舞（跳幡神）	传统舞蹈	省级
常州市金坛区指前镇东浦村	东浦丝弦	传统音乐	省级
常州市金坛区儒林镇鲁墅村	诸葛八阵图村落	文化空间	市级
常州市金坛区薛埠镇上阮村	上阮花鼓戏	传统戏剧	市级
常州市金坛区儒林镇柚山村	柚山放灯节	民俗	省级
常州市金坛市直溪镇巨村	直溪巨村舞龙	传统舞蹈	国家级
镇江市新区姚桥镇华山村	《华山畿》和华山畿传说	民间文学	省级
镇江市新区姚桥镇华山村	华山庙会	民俗	省级
镇江市新区姚桥镇华山村	华山太平泥叫叫	传统美术	市级
镇江市新区姚桥镇儒里村	东乡羊肉制作技艺	传统技艺	省级
镇江市新区姚桥镇儒里村	儒里朱氏祭祀	民俗	市级
镇江市丹阳市延陵镇九里村	九里季子庙会	民俗	省级
镇江市丹阳市延陵镇九里村	延陵抬阁	传统体育	市级
镇江市丹阳市延陵镇柳茹村	柳茹村庙会	民俗	市级
镇江市丹阳市延陵镇柳茹村	延陵鸭饺	传统技艺	市级
镇江新区丁岗镇葛村	葛村庙会	民俗	未定
镇江新区丁岗镇葛村	葛村剪纸	传统美术	未定
镇江新区丁岗镇葛村	面塑	传统美术	市级
镇江新区丁岗镇葛村	刺绣	传统美术	未定

6. 商贸文化资源

商贸文化资源指的是在商业贸易活动中形成的街巷、商道、驿站、商埠、商铺等物质资源以及商业贸易活动中的商帮、商业字号、商业思想、商业精神、商业道德、商业法规、商贸习俗等非物质资源。（表3-7）

明清时期，苏州洞庭西山和东山人以善于经商而闻名于世，足迹遍及全国各地，被人称为洞庭商帮。冯梦龙在《醒世恒言》中描述："洞庭两山之人，善于货殖，八方四路，去为商为贾，所以江湖上有个口号，叫做'钻天洞庭'。"[1]苏州东山陆巷村将村内最古老的明代建筑——遂高堂，打造成洞庭商帮博物馆。

洞庭商帮中有名的商人有西山陆氏和蔡氏，东山翁氏、许氏、席氏、严氏、金氏、张氏、马氏、王氏、叶氏等，创办了钱庄业、银行业等金融实体和茶叶、丝绸业、纺织业等实业。他们在经商过程中留下了商业店铺、商埠码头、会馆等商贸遗存，他们的经营理念和商业

---

[1] （明）冯梦龙.醒世恒言[M].北京：人民文学出版社，1956.

精神也成为后人的宝贵精神财富。

无锡严家桥村,曾是20世纪二三十年代著名的米码头、布码头、书码头和医药码头。中国近代民族工商界"四大家族"之一唐氏家族在严家桥村留下了大量的商业遗存,如唐氏仓厅、唐家码头旧址、春源布庄遗址、翼农蚕种制造场旧址和利家砖瓦厂、同济典当等,此外还有潘家商楼码头、唐氏工商业陈列馆等。唐氏家族在长期的经商过程中形了的商业品牌如"世泰盛"、"丽华"等,以及"尚德诚信、务本务实"商业精神。

南京漆桥村原来是古代驿路要冲,特殊的地理位置形成了漆桥商业街市格局。漆桥老街是原唐宋时期南京到宣城的古驿道,保存着驿道石板街等驿道遗存和明清时期的街巷建筑遗存。漆桥老街上店铺鳞次节比,鼎盛时期有几十家商铺,如永昌商行、福昌五洋商店、谦泰染坊、夏记铁匠铺、老孔家茶馆等。

表3-7 苏南传统村落商贸文化资源一览表

村落名称	商贸文化资源	所属类别
南京市高淳区漆桥镇漆桥村	漆桥老街、古驿道、谦泰染坊、"福昌"五洋商店、永昌杂货铺、豆腐铺、朱永兴布店	商贸遗存
	孔信昌、孔廉记、夏记、永昌、鸿泰等商号	商贸文化
苏州市吴中区东山镇陆巷村	紫石街、古码头	商贸遗存
	洞庭商帮	商贸文化
苏州市吴中区东山镇杨湾村	杨湾老街、长圻码头、吴连生豆腐店、怀荫堂书场	商贸遗存
	周泰森、永大、顺泰、吴氏、隆兴、延益堂、丰盛楼、和蔼亭等商号、洞庭商帮	商贸文化
苏州市吴中区东山镇翁巷村	席家湖码头、金家湖码头	商贸遗存
	洞庭商帮	商贸文化
苏州市吴中区金庭镇东村村	西港、东村大街	商贸遗存
	洞庭商帮	商贸文化
苏州市常熟市古里镇李市村	李市老街、船坞码头	商贸遗存
	铁李市	商贸文化
苏州市吴中区金庭镇衙甪里村	郑泾港、甪里老街	商贸遗存
	洞庭商帮	商贸文化
苏州市吴中区金庭镇植里村	植里古道、老街	商贸遗存
	洞庭商帮	商贸文化
苏州市昆山市千灯镇歇马桥村	歇马桥石板街	商贸遗存
苏州市吴中区金庭镇涵村	涵村古店铺	商贸遗存
	洞庭商帮	商贸文化

续表

村落名称	商贸文化资源	所属类别
苏州市吴中区东山镇三山村	东泊浜码头、桥头浜码头、桥头老街	商贸遗存
	洞庭商帮	商贸文化
苏州市吴中区金庭镇堂里村	堂里老街	商贸遗存
	洞庭商帮	商贸文化
无锡市惠山区玉祁镇礼社村	礼社老街（西街、中街、东街）	商贸遗存
	薛氏、太和堂、协泰、乾亨、瑞丰、民众、聚兴、阿太、戚记等老字号	商贸文化
无锡市锡山区羊尖镇严家桥村	六街（北街、中市街、南街、东街、庙前街、西街）、唐氏仓厅、唐家码头、春源布庄、潘家商楼码头、同济典当、翼农蚕种制造场旧址、利家砖瓦厂、群贤楼、敬业堂、徐厅书场	商贸遗存
	春源、同济、德仁兴、同兴等老字号	商贸文化
常州市武进区前黄镇杨桥村	杨桥老街、东街、桥南西街、桥北西街、杨桥糟坊、南阳楼茶社、杨桥大戏院	商贸遗存
	白虎堂、丁永堂、陈万隆、全盛、荣光、朱康康等商号	商贸文化
常州市武进区郑陆镇焦溪村	六街（东街、中街、南街、老新街、北新街、西街）、横坡码头、弄堂直码头、私家码头等，美新照相馆、赵年洪羊肉店	商贸遗存
	焦溪二花脸、吴福泰、济和等老字号	商贸文化
镇江市新区姚桥镇华山村	龙脊街	商贸遗存
	天和永号	商贸文化
镇江市新区姚桥镇儒里村	南北街、前街和后街	商贸遗存
	泰山堂、树德堂、种德堂、亦乐轩、五凤楼、复盛园、德泰和、同茂、同和祥、乾泰隆、裕生昌等商号	商贸文化

7. 农耕文化资源

农耕文化资源是中华民族千百年来由农民在农业耕种过程中集合了各种经验和智慧，从而形成的具有中华民族独有特色的文化遗产。农耕文化资源种类繁多，大致分为遗址类农耕文化资源、工程类农耕文化资源、工具类农耕文化资源、民俗类农耕文化资源、技术类农耕文化资源。

苏南传统村落农耕文化发展历史悠久，生活在长江、太湖流域的农民，祖祖辈辈在这里劳作耕种，凭借着独特多样的自然条件以及勤劳和智慧，产生了大量的民间艺术、生活习俗、农用器具、传统民居、农谚歌谣，留下大量农耕文化资源。（表3-8）

江苏太湖流域自古以来就是鱼米之乡，自然资源丰富，农业物产富饶，一些遗址中出土了大量的水稻壳和稻米粒等。苏州草鞋山遗址发现了炭化粳籼稻谷，说明太湖流域的先民早在六千多年前就开始种植水稻了。古代江南地区相对稳定，农业得到了长久稳定的发展，随着稻作生产技艺和农具的不断改进，稻作生产规模不断扩大，江南米粮开始通过漕运进京，太湖流域成为全国最大的粮仓。

苏州西山和东山的传统村落不仅种植水稻，还种植大量的茶树和果树。洞庭碧螺春茶产于洞庭东、西山，是我国的十大名茶之一。西山和东山果品种类繁多，有甜杏、红李、枇杷、杨梅、蜜桃、石榴、甜枣、葡萄、翠冠梨、蜜橘等。

江南由于农业的发展需要大量的灌溉沟渠，这些农田水利设施也是农耕文化资源。苏南传统村落大多具有众多管网水系，灌溉系统较为发达。如无锡礼社村地处江湖河三水之间，村中有九潭十三浜，流入京杭大运河分支五牧运河。

农耕民俗文化是农民在从事农作物种植和蚕桑养殖等生产生活活动中形成的地方民俗文化，如常州杨桥村的"调犟牛"，是农民在从事农业生产中创造的一种民俗活动，它将耕牛作为表演对象，融合了耕牛的生活特性，描画了农民和耕牛亲密的伙伴关系。

表 3-8　苏南传统村落农耕文化资源一览表

村落	资源名称	所属类别
南京市江宁区湖熟街道杨柳村	湖熟民歌、采茶灯	民俗类
	制茶技艺	技术类
南京市高淳区东坝镇东坝村汤家	胥河	工程类
	东坝大马灯	民俗类
南京市高淳区漆桥镇漆桥村	漆桥河	工程类
	高淳民歌	民俗类
南京市江宁区江宁街道黄龙岘	牌坊水库、战备水库	工程类
	黄龙岘茶制茶技艺	技术类
苏州市吴中区东山镇陆巷村	太湖	工程类
	洞庭碧螺春制茶技艺、圩田	技术类
	东山三月会、东山婚俗、东山猛将会、太湖渔俗	民俗类
苏州市吴中区金庭镇明月湾村	太湖	工程类
	洞庭碧螺春制茶技艺、圩田	技术类
	洞庭西山陈巷十番锣鼓、西山夹竹龙、消夏渔歌、太湖渔俗	民俗类
苏州市吴中区东山镇三山村	太湖	工程类
	洞庭碧螺春制茶技艺、圩田	技术类

续表

村落	资源名称	所属类别
苏州市吴中区东山镇三山村	东山三月会、东山婚俗、东山猛将会、太湖渔俗	民俗类
	三山岛遗址	遗址类
苏州市吴中区东山镇杨湾村	太湖	工程类
	洞庭碧螺春制茶技艺、圩田	技术类
	东山三月会、东山婚俗、东山猛将会、太湖渔俗	民俗类
苏州市吴中区东山镇翁巷村	太湖	工程类
	洞庭碧螺春制茶技艺、圩田	技术类
	东山三月会、东山婚俗、东山猛将会、太湖渔俗	民俗类
苏州市吴中区金庭镇东村村	太湖	工程类
	洞庭碧螺春制茶技艺、圩田	技术类
	洞庭西山陈巷十番锣鼓、西山夹竹龙、消夏渔歌、太湖渔俗	民俗类
苏州市常熟市古里镇李市村	迎斗泾河、小泾河	工程类
	白茆山歌	民俗类
苏州市吴中区金庭镇衙甪里村	太湖	工程类
	洞庭碧螺春制茶技艺、圩田	技术类
	洞庭西山陈巷十番锣鼓、西山夹竹龙、消夏渔歌、太湖渔俗	民俗类
苏州市吴中区金庭镇东蔡村	太湖	工程类
	洞庭碧螺春制茶技艺、圩田	技术类
	洞庭西山陈巷十番锣鼓、西山夹竹龙、消夏渔歌、太湖渔俗	民俗类
苏州市吴中区金庭镇植里村	太湖	工程类
	洞庭碧螺春制茶技艺、圩田	技术类
	洞庭西山陈巷十番锣鼓、西山夹竹龙、消夏渔歌、太湖渔俗	民俗类
苏州市吴中区香山街道舟山村	太湖、北塘河、南塘河	工程类
苏州市昆山市千灯镇歇马桥村	石铺河	工程类
	昆山水乡婚俗	民俗类

续表

村落	资源名称	所属类别
苏州市吴中区金庭镇蒋东村后埠村	太湖	工程类
	洞庭碧螺春制茶技艺、圩田	技术类
	洞庭西山陈巷十番锣鼓、西山夹竹龙、消夏渔歌、太湖渔俗	民俗类
苏州市吴中区金庭镇堂里村	太湖	工程类
	洞庭碧螺春制茶技艺、圩田	技术类
	洞庭西山陈巷十番锣鼓、西山夹竹龙、消夏渔歌、太湖渔俗	民俗类
无锡市惠山区玉祁镇礼社村	五牧运河	工程类
	玉祁龙舞、马灯舞、凤舞	民俗类
无锡市锡山区羊尖镇严家桥村	永兴河、严羊河	工程类
常州市武进区前黄镇杨桥村	西太湖	工程类
	调三十六行、捐轮车、调犟牛	民俗类
常州市武进区郑陆镇焦溪村	舜河	工程类
	常州唱春	民俗类
常州市金坛区薛埠镇上阮村	向阳水库、瓦沟水库、菱角坝水库、美雄坝水库、头棚水库、青龙洞水库	工程类
	制茶技艺	技术类
	上阮花鼓戏	民俗类

8. 影视文化资源

传统村落影视文化资源指的是影视城、影视基地、影视主题公园等影视产业，以及影视作品、影视人物等影视艺术。影视文化资源一般是体现了当地的本土文化和民俗文化，具有传承地方文化和社会教育的功能，科学合理开发影视文化资源，不仅可以带动当地经济增长，还可以提高传统村落的知名度和影响力。（表3-9）

苏南传统村落自然风光秀丽，文化底蕴深厚，古建筑保存完好，吸引了众多影视剧组前来取景拍摄。苏州东山是中国影视界最早的影视外景基地，先后有180多部影视剧作品在东山取景拍摄，东山雕花楼被称为"中国第一影楼"。东山陆巷村，自从开放至今，已经有一百多部影视作品在此拍摄，如《小城之春》《摇啊摇，摇到外婆桥》《橘子红了》《兵圣》《一江春水向东流》《画魂》等，现在已经成为江苏省影视摄制基地。位于陆巷村的苏州东山影视文化街区，拥有影视展览馆、书吧、酒坊、茶楼等，文化创意和影视元素完美融合，具有鲜明江南地域文化特色，集影视拍摄、观光旅游等于一体的影视文化创意园。

苏州西山明月湾村历史悠久，风景秀丽，春秋时期，吴王夫差和美女西施，曾经在此共赏明月，古村由此得名。村中古建筑众多，有千年古香樟，石板街、古码头，吸引了众多剧组前来取景,热播剧《何以笙箫默》《都挺好》《亲爸后爸》都在此取景拍摄。

无锡锡山区锡北镇斗山村自然资源丰富,生态环境优美,文化底蕴深厚,拥有斗山禅寺、水墩庵、生态第一碑等资源。央视发现之旅《追溯》栏目组走进斗山村,拍摄了展示无锡乡村美食的节目"乡宴"。

表3-9 苏南传统村落影视文化资源一览表

所在村落	影视文化资源形式	代表资源
苏州市吴中区东山镇陆巷村	影视基地	江苏省影视摄制基地
	影视剧作品	《橘子红了》《小城之春》《摇啊摇,摇到外婆桥》《兵圣》《一江春水向东流》《画魂》等
	影视艺术元素	《延禧攻略》苏绣艺术
苏州市吴中区金庭镇明月湾村	影视剧作品	《何以笙箫默》《都挺好》《亲爸后爸》
	影视场景	千年古香樟,石板街,古码头
苏州市吴中区金庭镇堂里村	影视剧作品	《风雨雕花楼》
	影视场景	西山雕花楼
苏州市吴中区金庭镇衙甪里村	影视剧作品	《建军大业》
	影视场景	禹王庙
苏州市吴中区金庭镇东村	影视剧作品	《庭院里的女人》《风雨雕花楼》《风穿牡丹》
	影视场景	敬修堂
苏州市昆山市千灯镇歇马桥村	影视剧作品	纪录片《昆曲六百年》
常州市溧阳市竹箦镇水西村	影视剧作品	《陈毅在茅山》
无锡市锡山区羊尖镇严家桥村	影视剧作品	锡剧《珍珠塔》
镇江市丹阳市延陵镇九里村	影视剧作品	纪录片《九里沸井》

(二)苏南传统村落文化资源的基本特征

根据不同类型的文化资源,我们归纳出苏南传统村落文化资源的基本特征为:自然性与人文性、传统性与现代性、密集性与多元性、共享性与变异性。

1. 自然性与人文性

苏南传统村落大多分布在自然环境优美、人文环境良好的地区,苏州太湖是以湖岛风光和山乡古村为特色的山水型景区,拥有石公山、林屋洞、消夏湾、缥缈峰、洞庭山、长圻山、铜鼓山、雨花胜境、三山岛等自然景观,西山和东山分布着陆巷村、明月湾村等十几个村落。金坛茅山有"第一福地,第八洞天"之美誉,上阮村、仙姑村等村落。这些自然景观资源都体现着是人与自然相互依存、和睦相处的和谐理念。

传统村落在形成与发展的历史演变中,自然资源与人文资源相得益彰、相映生辉,共同构成了传统村落文化资源的有机整体。自然资源在其发展过程中形成了深厚的历史文化底蕴，从山川河流的命名可以获知，自然资源被寓意了文化特征，它们代表着当地钟灵毓秀的山水文化，反映出当地的文化变迁与传承。苏州三山村发现的古文化遗址，是属于距今12 000多年前的旧石器时代的文化遗址，有力地支持了中华民族文化起源多元化的论点。

苏州太湖流域是吴文化的核心区域，吴文化的文化特性是其重要的文化资源，吴文化是中原文化与江南本土文化结合的产物，不同的文化交织在一起，与地域文化融合，形成了一些具有鲜明地域特征的民间文化。

2. 传统性与现代性

苏南传统村落文化资源是在长期的历史发展中形成的，由不同的文化交融在一起，形成的具有鲜明地方特征的地域文化。文化资源不仅是地域文化的一部分，也是中国传统文化的重要组成部分，是传承中华传统文化的内容和载体。传统音乐、传统锡剧、民间文学、传统美术、传统技艺、传统体育、传统舞蹈、民俗文化、传统饮食、传统服饰等都是传统村落文化资源的表现形态。

革命色彩和红色精神让苏南传统村落文化资源凸显浓郁的现代性，苏南地区作为新四军江南抗日根据地，中国共产党领导抗日军民在苏南浴血奋战、英勇抵抗日本帝国主义侵略，在苏南的传统村落留下了大量珍贵的红色文化资源。红色文化资源承载着宝贵的红色文化，蕴含着厚重的文化内涵和丰富的革命精神，体现着中华民族不屈不挠的抗争精神。红色文化资源独有的文化价值具有先进的内涵，可以为发展社会主义先进文化提供良好的文化氛围。

传统性与现代性在苏南传统村落文化资源中是相互补充，共同促进，和谐统一的。影视文化资源的开发利用则将传统性和现代性完美地结合在一起，影视作品借助于传统村落的景观文化，利用传统村落的古街、古巷、古建筑、古桥、古井、古码头等自然景观以及名人故居、古牌坊等人文景观，再加上江南吴文化元素和符号，让人们在怀念逝去乡村的同时憧憬着对现代社会美好生活的追求。

3. 独特性与多样性

文化资源见证着村落的发展历史，记录着村落特定的历史信息，这些信息对于人们了解苏南村落文化发展具有重要的价值。传统村落的建筑文化资源承载着一定的历史信息，蕴含着对不同时期的回忆，从不同角度反映了各个时期政治、经济、文化的发展状况。这些文化资源是一笔不可再生的宝贵财富，是独一无二的，随着时间的推移，这些文化资源一旦遭到自然侵蚀或者人为破坏，就会毁灭殆尽，无处可寻。

传统村落文化资源丰富多彩，类型多样，可以分为建筑文化资源、生态文化资源、名人文化资源、红色文化资源、民俗文化资源、商贸文化资源、影视文化资源、农耕文化资源等类型，它以类型多样化，空间格局多层化，文化内涵多元化等特点，将中华优秀传统文化与审美艺术文化相结合，让人们在感知文化资源的同时也对其蕴含的文化内涵有所了解。

文化资源的独特性和多样性是辩证统一的，独特性与多元化相辅相成，一起构成了文化资源的地域特色文化。挖掘传统村落独有的文化内涵，突出文化资源的地方特色，将其转化为旅游资源,坚持多元化、多样化的开发手段,突出文化资源的独特文化品位,形成特色鲜明的个性和浓厚的文化吸引力,打造具有鲜明地域文化特色的旅游品牌。

4. 共享性与变异性

苏南传统村落文化资源从内容上来看,具有鲜明的地域特征,因此它们具有产权属性,归属于地方所有,但这并不意味着文化资源具有专属性。文化资源作为人类共同的物质和精神财富,不受时空限制,不受地域限制,应该由全人类共享。

昆曲起源于昆山千灯,被联合国教科文组织列为"人类口述和非物质遗产代表作",虽然它带有地域文化色彩,但如今昆曲在全世界广为流传,所有昆曲爱好者都可以传承昆曲艺术,共享经典盛宴。

文化资源是一个民族特有的产物,体现着一个民族的历史文化,是地域文化的集中表现,也是中华传统文化的重要组成部分。不同国家和民族间需要不断进行文化资源的共享和交流,才能更好地传承和发展文化资源。

文化资源在传承与发展的过程中,不可能是一成不变的,随着时代的变迁和人类社会的发展,有的会被淘汰,有的得以延续至今。文化资源在共享和交流的过程中吸收到其他文化的优点,摒弃原有落后的思维,通过文化之间的交流,促进不同文化相互融合发展,从而得以永葆生机。

苏绣艺术在传承与发展中吸收了西方艺术的表现手法,使得传统技艺与现代艺术、现代生活、现代科技完美结合,创造性地运用传统针法进行艺术创作,推动了苏绣艺术的创新性发展。

三、苏南传统村落文化资源的价值评估

传统村落文化资源价值的研究是传统村落保护与开发的重要内容,需要使用科学严谨的评价方法对其进行价值评估,正确的、客观地判定传统村落文化资源的历史价值、现状与发展潜力。

目前国内对传统村落文化资源价值的评估的研究相对滞后,一般是运用定性分析法和定量分析法进行价值评估,存在一定的局限性,无法对不同地区和不同类型的传统村落及其文化资源价值进行精确评估。

传统村落文化资源价值评估是一个多层次和多目标的评价问题,涉及内容较多,受到诸如考评者认识能力、知识水平等因素的影响,难以保证其评估数据的准确性,客观上要求对其进行分层次综合评价,因此传统村落文化资源价值的评估是一个多层次的模糊综合评价。笔者尝试从传统村落文化资源的评估标准出发,构建传统村落文化资源的综合评价指标体系,力求在宏观和中观层面去评价传统村落文化资源的价值。

(一)评估指标体系的构建

2003年,建设部和国家文物局联合制定下发了《中国历史文化名镇(村)评选办法》,

开展了首批中国历史文化名镇(村)的评选工作,后又发布了《中国历史文化名镇(村)评价指标体系(试行)》。

2012年,为了开展中国传统村落评选认定工作,由住房和城乡建设部牵头制定了《传统村落评价认定指标体系(试行)》,设置了村落传统建筑评价指标体系、村落选址和格局评价指标体系、村落承载的非物质文化遗产评价指标体系三个指标体系,对传统村落进行定量评估和定性评估。

本文指标选取以《中国历史文化名镇(村)评价指标体系(试行)》、《传统村落评价认定指标体系(试行)》为指导,在充分考虑各方面因素后,选取3个一级指标层,分别是遗存价值、市场价值、环境附加值等,具体指标体系如表3-10所示。

表3-10 苏南传统村落综合价值评估指标体系

一级指标	二级指标	三级指标	四级指标分解及释义
遗存价值	历史文化性	1. 历史久远度	(1)修建年代,现存传统建筑、文物古迹最早
		2. 文物价值(稀缺性)	(2)拥有文保单位的最高等级
		3. 历史事件名人影响度	(3)重大历史事件发生地或名人生活居住地原有建筑保存完好的情况
			(4)名人或历史事件等级
		4. 历史建筑规模	(5)现存历史传统建筑面积
		5. 历史传统建筑(群落)典型性	(6)拥有集中反映地方建筑特色的宅院府第、祠堂、驿站、书院等的数目
			(7)传统建筑建造工艺水平
			(8)拥有体现村镇特色、典型特征古迹(指城墙、牌坊、古塔、园林、古桥、古井、300年以上的古树等)
		6. 历史街巷规模	(9)拥有保存较为完整的历史街区数量
			(10)拥有传统建筑景观连续的最长历史街区长度
		7. 非物质文化遗产	(11)拥有传统节日、传统手工艺和特色传统风俗类型数量
			(12)源于本地,并广为流传的诗词、传说、戏曲、歌赋
	乡村性	8. 核心区风貌完整性、空间格局特色及功能	(13)聚落与自然环境和谐度
			(14)空间格局及功能特色
			(15)核心区面积规模
		9. 核心区历史真实性	(16)核心区现存历史建筑及环境用地面积占核心区全部用地面积的比例
		10. 核心区生活延续性	(17)保护核心区中常住人口中原住居民比例

续表

一级指标	二级指标	三级指标	四级指标分解及释义
市场价值	客源条件	11. 居民意向	(18)居民愿意与游客接触的程度
		12. 经济水平	(19)人均可支配收入水平
		13. 市场区位	(20)周边有大型城市及重要交通枢纽
附加值		14. 环境保护与环境安全	(21)受污染或存在安全隐患的程度

备注:可支配收入指调查户在调查期内获得的、可用于最终消费支出和储蓄的总和,即调查户可以用来自由支配的收入。可支配收入既包括现金,也包括实物收入。按照收入的来源,可支配收入包含四项:工资性收入、经营净收入、财产净收入和转移净收入。计算公式为:可支配收入=工资性收入+经营净收入+财产净收入+转移净收入。

(二)评估指标、权重、量表及样本说明

1. 指标说明

表 3-10 指标体系中关于遗存价值的评价指标主要依据《中国历史文化名镇(村)评价指标体系(试行)》,市场价值指标主要根据《旅游资源分类、调查和评价》国家标准。统筹来看,二级指标历史文化价值和乡村性构成传统村落遗存价值,这是从供给侧来评价的;客源条件作为需求侧因素,对于传统村落资源的旅游(或其他方向)开发起着重要作用。以上两个方面共同决定着传统村落的保护价值和未来开发价值。

乡村性是指具有乡村特质的属性,应涵盖全面的乡村地域系统要素,而土地、人口、产业被广泛认为是构成乡村地域的三大基本要素。[①] 乡村性是村落旅游开展的基础,本次评价指标中专门将乡村性作为一个单独的二级指标提出,旨在了解传统村落的原真性和真实性,以利于更好地进行旅游开发。

2. 权重的确定及量表设计

由于传统村落是一个由多种要素构成的综合体,包括传统建筑、历史遗存、民俗风情等。传统村落是一个由不同文化单元构成的整体,不同个体之间是相互联系,不可分割的,对传统村落的评价应该从时间和空间的整体性来考虑。[②]

这与《旅游资源分类、调查和评价》过于要求进行单体的拆分以及对单体种类和数量的统计不同,单体资源的评价往往会降低资源的价值和级别,从而降低村落的整体性价值。通过 14 个三级指标及 21 个四级指标的引用,借鉴《中国历史文化名镇(村)评价指标体系(试行)》的指标赋值,同时采用德尔菲专家咨询法,最终确定苏南传统村落综合价值评估指标体系的权重值及量表。(表 3-11)

---

① 王勇,周雪,李广斌.苏南不同类型传统村落乡村性评价及特征研究——基于苏州 12 个传统村落的调查[J].地理研究,2019(06):1311-1321.
② 杨丽婷,曾祯.古村落保护与开发综合价值评价研究——以浙江省磐安县为例[J].地域研究与开发 2013(04):112-116+122.

表3-11 苏南传统村落综合价值评估指标体系赋值量表

四级指标分解及释义	评价得分 高、好 ←――――――――→ 低、差			
(1) 修建年代,现存传统建筑、文物古迹最早	5 元代及以前		4 明、清	3 民国
(2) 拥有文保单位的最高等级	5 国家级		3 省级	1 市县级
(3) 重大历史事件发生地或名人生活居住地原有建筑保存完好的情况	6 一级		3 二级	1 三级
(4) 名人或历史事件等级	3 一级		2 二级	1 三级
(5) 现存历史传统建筑面积	5 ≥5 001 m²		3 3 501—5 000 m²	1 2 500—3 500 m²
(6) 拥有集中反映地方建筑特色的宅院府第、祠堂、驿站、书院等的数目	5 ≥5个		3 3—4个	1 1—2个
(7) 传统建筑建造工艺水平	2 精美			1 一般
(8) 拥有体现村镇特色、典型特征古迹(指城墙、牌坊、古塔、园林、古桥、古井、300年以上的古树等)	5 ≥6个	4	3 3—5个	2	1 2个
(9) 拥有保存较为完整的历史街区数量	4 ≥3条			1 1—2条
(10) 拥有传统建筑景观连续的最长历史街区长度	4 ≥501 m		2 301—500 m	1 ≤300 m
(11) 拥有传统节日、传统手工艺和特色传统风俗类型数量	2 ≥4			1 1—3个
(12) 源于本地,并广为流传的诗词、传说、戏曲、歌赋	2 全国流传			1 本地流传
(13) 聚落与自然环境和谐度	3 优美		2 完好	1 一般
(14) 空间格局及功能特色	3 格局功能完好		2 基本完好	1 格局功能尚在

续表

	评价得分				
(15)核心区面积规模	3		2		1
	≥21 ha		11—20 ha		≤10 ha
(16)核心区现存历史建筑及环境用地面积占核心区全部用地面积的比例	8	6	4	2	1
	≥90%	80%—89%	70%—79%	60%—69%	≤59%
(17)保护核心区中常住人口中原住居民比例	5		3		1
	≥76%		60%—75%		≤60%
(18)居民愿意与游客接触的程度	10	8	6	4	2
	极欢迎	欢迎	较欢迎	一般	不欢迎
(19)人均可支配收入水平	10	8	6	4	2
	很高	高	较高	一般	低
(20)周边有大型城市及重要交通枢纽	10	8	6	4	2
	≥1 000万	≥500万	≥100万	≥50万	<50万
(21)受污染或存在安全隐患的程度	5	4	3	2	1
	大				小

备注:表中人均可支配收入水平的分级标准和分组依据参考了2017年中国统计年鉴中"全国农村居民按收入五等份分组的人均可支配收入"标准,当年人均可支配收入13 432元,收入中位数11 969元。

3. 样本空间

苏南五市传统村落类型及数据比较多,本文除覆盖苏南地区"中国历史文化名村""中国传统村落""江苏省历史文化名村""江苏省传统村落"等村落以外,还包括一些未获得任何称号的传统村落。具体村落名单如表3-12所示。

表3-12 苏南地区代表性传统村落名录(87个)

隶属城市	村落名称
南京市 (20个)	东坝镇东坝村汤家、漆桥镇漆桥村、桠溪镇跃进村西舍、砖墙镇三和社区中和村、东山街道佘村王家、谷里街道周村社区世凹村、横溪街道石塘社区后石塘村、横溪街道石塘社区前石塘村、横溪街道西岗社区陶高村、横溪街道西岗社区朱高村、横溪街道许呈社区大呈村、横溪街道勇跃村油坊桥村、湖熟街道杨柳村、江宁街道牌坊社区黄龙岘村、汤山街道孟墓社区郄坊村、白马镇李巷村、洪蓝镇仓口村、洪蓝镇蒲塘村、永阳街道东庐村、星甸街道后圩社区胡烘组
苏州市 (26个)	古里镇李市村、千灯镇歇马桥村、太湖旅游度假区叶山岛徐湾古村、平望镇溪港村、七都镇开弦弓村、七都镇陆港村、七都镇隐读村、盛泽镇黄家溪村、盛泽镇龙泉嘴村、东山镇陆巷村、东山镇三山村、东山镇翁巷村、东山镇杨湾村、光福镇窑上村、金庭镇东蔡村、金庭镇东村村、金庭镇涵村、金庭镇后埠村、金庭镇明月湾村、金庭镇堂里村、金庭镇衙甪村、金庭镇植里村、松陵镇南库、香山街道舟山村、凤凰镇恬庄村、塘桥镇金村

055

续表

隶属城市	村落名称
常州市（21个）	儒林镇鲁墅村、儒林镇柚山村、薛埠镇上阮村、薛埠镇仙姑村、指前镇东浦村、朱林镇西岗三星村、直溪镇巨村、别桥镇塘马村、戴埠镇深溪岕村、昆仑街道沙涨村、溧城镇泓口村、社渚镇社渚村、竹箦镇水西村、横林镇余巷村、前黄镇杨桥村、雪堰镇城里村、春江镇魏村、雪堰镇城西回民村、遥观镇塘桥村、郑陆镇焦溪村、孟河镇万绥村
镇江市（12个）	辛丰镇黄墟村、珥陵镇南葛城村、访仙镇萧家村、延陵镇九里村、延陵镇柳茹村、宝华山千华村、边城镇青山村、开发区城上村、茅山风景区南镇街、丁岗镇葛村、姚桥镇华山村、姚桥镇儒里村
无锡市（8个）	雪浪街道葛埭村、玉祁街道礼社村、徐霞客镇北渚村、东港镇黄土塘村、羊尖镇严家桥村、鸿山街道大坊桥村、鸿山街道鸿西村西仓、太华镇太华村

（三）评价过程与结果分析

由于评价对象涉及的指标比较多，空间跨度较大，集中现场进行打分的可能性较小，因此评价时难免会出现不同程度的主观倾向。为防止由于某些打分个体对村落不了解的基础上进行评价，本研究采用小组打分法进行：首先将每个村落的相关指标资料进行汇总展示，在此基础上由小组集中讨论进行打分，尽量做到客观评价。

1. 从传统村落的保护角度看

由于传统村落的评价指标体系主要是从遗存价值角度出发的，因此在评价资源历史文化价值时，得分排序基本与传统村落的等级相对应。等级越高，得分也相对较高。中国历史文化名村和中国传统村落得分高于其他传统村落，这表明这些传统村落历史文化价值相对较高。（图3-1）

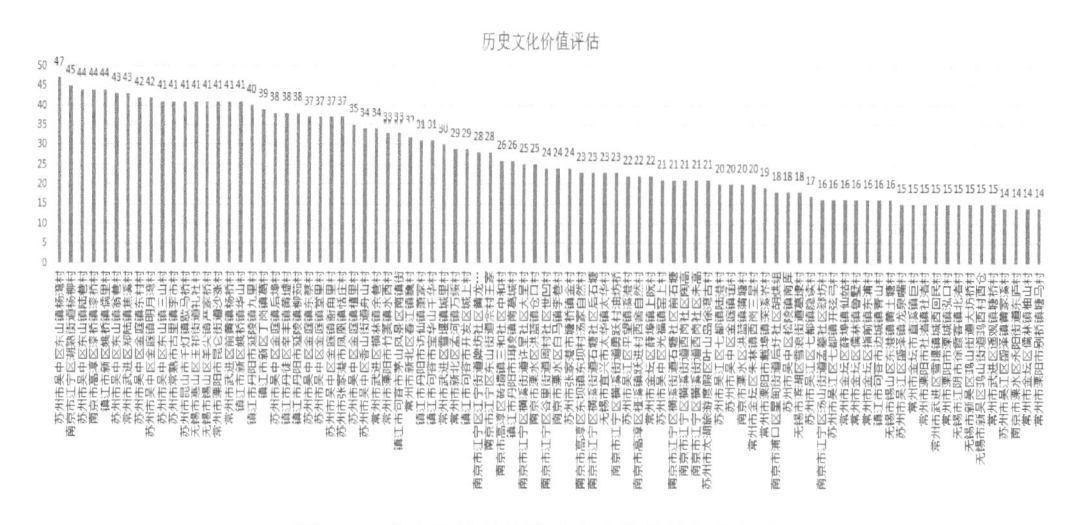

图 3-1 苏南传统村落的历史文化价值评估得分

这些村落历史遗存丰富，文化底蕴深厚，民俗文化绚丽，保护时间早，保护等级高，在过去的保护中已经取得了很大的成效,这些村落体现了不同区域的地域文化、民族文化、建筑文化的多样化特征而具有的价值。

而省级传统村落和其他村落相对来说历史文化价值得分较低,历史遗存价值不高,大多数村落的历史遗存都是以市级和区县级文保单位为主,说明这些村落保护的重视力度不够。

2. 从传统村落的乡村性维度看

乡村性是关系到传统村落旅游开发的成败,乡村性维持较好的传统村落村民与村落之间是融合发展的,是区别于城镇的最重要因素。

从图3-2上可以看出,乡村性得分高的村落主要分布在环境优美的地区,如苏州太湖西山和东山,这些村落自然资源丰富,生态环境优美,空间格局保存良好,核心区规模较大,原住民居住率较高。这些村落大多利用当地的自然景观资源和生态景观资源进行了旅游开发,很多当地居民积极投身到本村的旅游开发中,将自己的房屋进行改造,开发出多样化的旅游产品。

乡村性得分低的传统村落总体格局风貌不完整,村落中新建和重建建筑较多,仅保留有部分街巷空间,传统建筑规模较小,有一定的破坏,保护难度很大。基础设施和公共服务设施严重缺乏,无法满足村民的日常生产生活需求,常住人口较少,空心化现象严重。

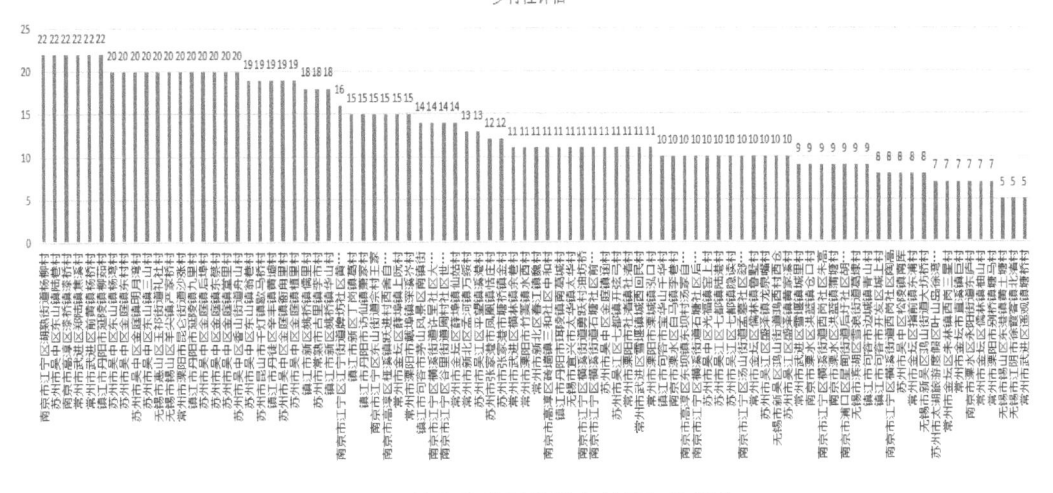

图3-2 苏南传统村落的乡村性评估得分

3. 从客源条件评估结果来看

客源条件评估得分较高的传统村落一般位于城市近郊,交通便捷,生态环境优美,这些传统村落依托建筑文化资源、民俗文化资源开发纪念馆、展览馆、博物馆之类人文景点,或者依托村落周围的生态文化资源开发景观型旅游景点,形成传统村落旅游景区,代表性村落有陆巷村、杨湾村、明月湾村等。

由于分析对象主要分布于苏南地区,经济发展水平相对较高,城市人口、交通区位等

客源条件相对较好,总体来看苏南传统村落的客源市场条件普遍较好,优于苏中、苏北地区。(图3-3)

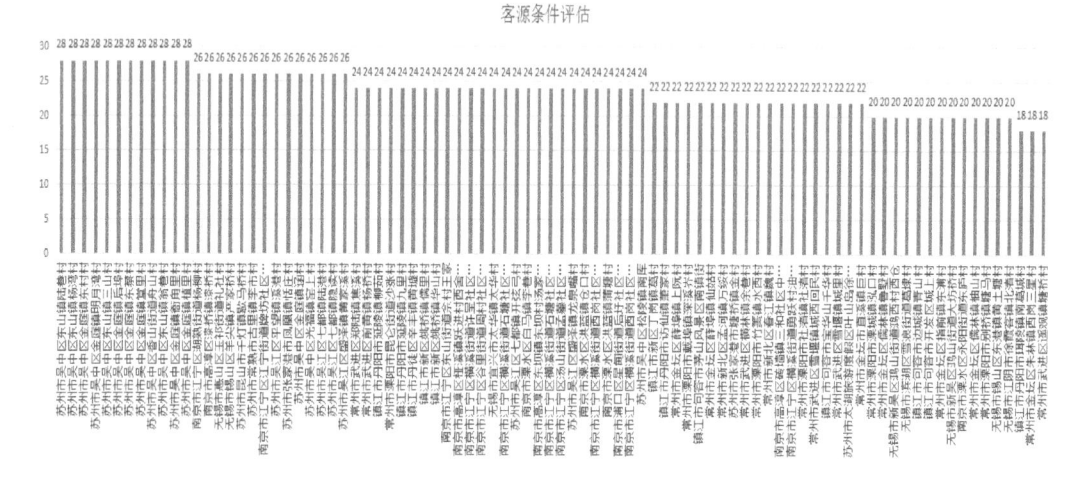

图3-3 苏南传统村落的客源条件评估得分

4. 从供需两个方面的综合价值来看

等级最高的处于中国历史文化名村普遍得分85分以上,中国传统村落普遍得分80分以上,整体得分排第一方阵,而省级传统村落和其他传统村落排名之间互相交叉,几乎不分高下。这也从另外一个侧面说明:省级或其他等级的传统村落评价体系急需建立一个有效的等级评价和晋级机制,使得省级传统村落与国家级传统村落之间有一个很好的衔接过渡机制。(图3-4)

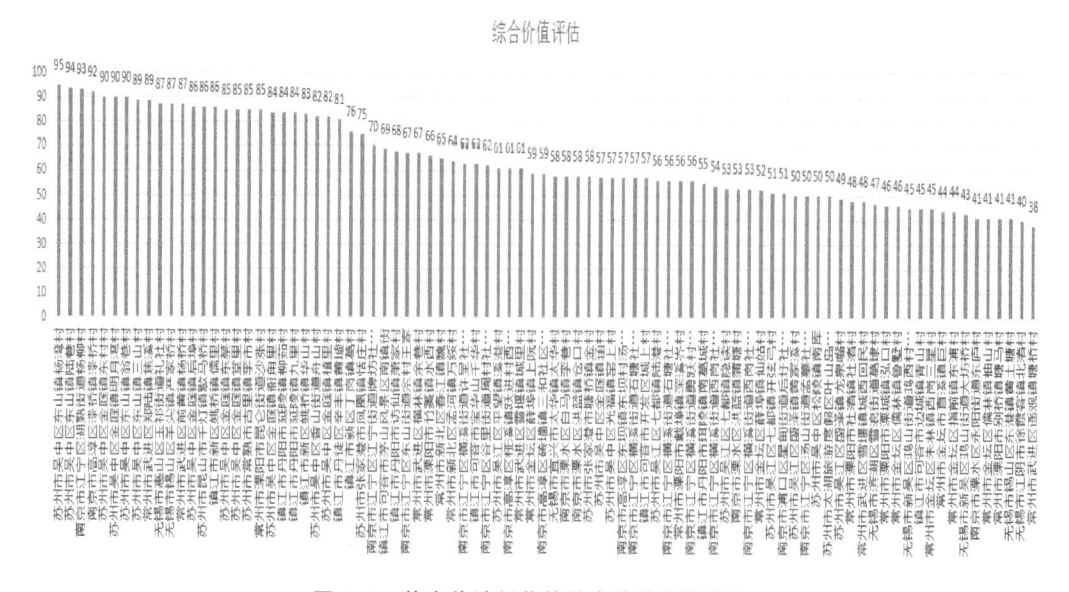

图3-4 苏南传统村落的综合价值评估得分

从苏南传统村落文化资源综合价值评估的初步结果来看,苏南地区村落的遗存价值(包括历史文化价值和乡村性两个方面)较高,无论是文物等级、街巷格局、建筑风貌、历史遗存等文化遗产,还是源于村落地域文化的非物质文化遗产,都具有丰富的文化价值及其衍生的社会价值和旅游开发价值。由于地处交通便利的苏南地区,经济发展水平、居民开放程度、客源输出能力等客源条件优越,为苏南传统村落的后续开发利用提供了坚强的客源基础。

对传统村落文化资源的评估不同于其他的评估,需要将单体资源放在村落整体价值去衡量,需要全面考虑传统村落的物质资源和非物质资源,从村落环境、传统生活以及历史文化等方面进行调查研究,将传统村落文化资源的评估范围扩大到村落形成发展的历史视野,对传统村落文化资源价值进行科学合理评价。

本研究希冀通过对苏南87个传统村落文化资源价值评估得分对比和排序位置,客观分析传统村落的保护状况,有效区分各个传统村落的不同价值,为今后进行旅游开发提供参考。

第四章　苏南传统村落文化资源保护与开发现状概述

美丽乡村建设是党和国家推进农村发展的重大举措,传统村落作为农村的范畴之一,是美丽乡村建设的应有之义。美丽乡村和传统村落具有紧密的内在联系,美丽乡村为传统村落的保护和发展带来了新活力,传统村落的保护与发展又丰富了美丽乡村的建设内涵。[①]

一、苏南传统村落文化资源保护现状概述

苏南传统村落保护涉及国家和地方层面的历史文化名村保护、传统村落保护、文物保护、非物质文化遗产保护、城乡规划等方面的法律法规,国家针对传统村落的保护专门制定出台了一系列的法律法规,如《中华人民共和国城乡规划法》《中华人民共和国文物保护法》《中华人民共和国文物保护法实施条例》《历史文化名城名镇名村保护条例》《关于加强传统村落保护发展工作的指导意见》《关于做好中国传统村落保护项目实施工作的意见》《传统村落保护发展规划编制基本要求》等。(表4-1)

表4-1　苏南传统村落文化资源保护的相关法律法规

层面	名称	时间
国家	中华人民共和国文物保护法	1982.11
	中华人民共和国城乡规划法	2007.10
	中华人民共和国非物质文化遗产法	2011.02
	中华人民共和国文物保护法实施条例	2003.05
	历史文化名城名镇名村保护条例	2008.04
	历史文化名城名镇名村街区保护规划编制审批办法	2014.10
	国家重点文物保护专项补助资金管理办法	2013.06
	全国重点文物保护单位保护规划编制要求	2005.07
	传统村落保护发展规划编制基本要求(试行)	2013.09

---

① 张天橼.美丽乡村建设背景下传统村落保护和发展研究——以张家口市黄花坪村为例[D].河北建筑工程学院,2018.

续表

层面	名称	时间
国家	关于切实加强中国传统村落保护的指导意见	2014.04
国家	关于做好中国传统村落保护项目实施工作的意见	2014.09
国家	关于进一步做好全国重点文物保护单位和省级文物保护单位集中成片传统村落整体保护利用工作的通知	2014.09
省级	江苏省文物保护条例	2003.10
省级	江苏省非物质文化遗产保护条例	2006.09
省级	江苏省历史文化名城名镇保护条例	2010.09
省级	江苏省传统村落保护办法	2017.09
市级	南京市文物保护条例	1989.04
市级	南京市历史文化名城保护条例	2010.07
市级	南京市地下文物保护条例	2018.11
市级	南京市非物质文化遗产保护条例	2016.12
市级	苏州国家历史文化名城保护条例	2017.12
市级	苏州市实施《中华人民共和国文物保护法》办法	2005.08
市级	苏州市古村落保护条例	2013.11
市级	苏州市非物质文化遗产保护条例	2013.09
市级	苏州市昆曲保护条例	2006.07
市级	苏州市古建筑保护条例	2002.11
市级	苏州市古建筑抢修保护实施细则	2003.12
市级	苏州市江南水乡古镇保护办法	2017.12
市级	苏州市区古建老宅保护修缮工程实施意见	2012.02
市级	苏州市濒危非物质文化遗产代表性项目保护办法	2016.12
市级	苏州市非物质文化遗产生产性保护促进办法	2018.08
市级	苏州市古树名木保护管理条例	2002.03
市级	无锡市历史文化遗产保护条例	2009.11
市级	无锡市历史文化名城保护办法	2006.12
市级	无锡市历史街区保护办法	2004.01
市级	无锡市文物保护修复专项资金使用管理办法	2018.05
市级	常州市历史文化名城保护条例	2017.01
市级	常州市非物质文化遗产保护办法	2017.12
市级	常州市文物保护专项资金管理办法	2017.12

续表

层面	名称	时间
市级	常州市文物保护办法	2013.11
	常州市地下文物保护办法	2013.11
	常州市不可移动文物认养管理办法	2013.12
	常州市非物质文化遗产项目代表性传承人评估暂行办法	2018.12
	镇江市文化遗产保护管理办法	2013.09
	镇江市区域评估文物保护评价实施办法	2018.02
	镇江市非物质文化遗产项目代表性传承人条例	2017.07
区级	关于加快推进吴中区古村落保护利用工作的实施意见	2012.11
	苏州市吴中区古建筑抢修贷款贴息和奖励办法	2006.03
	苏州市吴中区古村落保护贷款贴息和经费补助办法	2006.03
	吴中区古村落、古建筑保护专项资金管理办法	2018.07
	吴中区古树名木和古树后续资源保护管理办法	2015.07

在国家层面法律法规的指导下，江苏省根据区域内传统村落和传统建筑的实际情况，积极制定与传统村落保护相关的地方性法规规章，2017年1月江苏省政府办公厅出台《关于印发江苏省"十三五"美丽宜居城乡建设规划的通知》，提出要制定《江苏省传统村落保护办法》，指导地方制定适应地方实际的历史文化保护的相关制度、规定、文件、政策。建立省级历史文化保护、传统村落保护专家委员会制度。组织开展传统村落普查，将具有一定历史沿革、保持传统空间格局、留存承载公共记忆活动空间的村落、传统建筑组群分别纳入省级传统村落和传统民居建筑组群，建立保护管理机制，保持传统村落的完整性、真实性和延续性，促进传统村落复兴。

2017年9月，江苏省政府以政府令形式发布了《江苏省传统村落保护办法》，率先在全国以省政府规章形式对传统村落进行立法保护，推动江苏省传统村落保护工作走上法制化、规范化的轨道，形成更加完整的历史文化名城名镇名村和传统村落保护制度体系。

《江苏省传统村落保护办法》明确了传统村落保护工作的责任主体，要求整体保护和延续村落传统格局和历史风貌，以及与村落相互依存的山、水、田、林、路等自然景观环境。

办法提出整体保护传统村落的理念，保持和延续其传统格局和历史风貌，维护其地形地貌、街巷走势等空间尺度，不得改变与其相互依存的山、水、田、林、路等自然景观环境的空间关系和形态。还提出要对具有较为鲜明的地域乡土文化特征的民俗活动、传统技艺等非物质文化遗产进行保护。

苏州市在传统村落保护方面走在了全省的前列，从20世纪80年代全面保护古城，到90年代保护古镇，再到21世纪初保护以东山陆巷村、西山明月湾村为代表的古村，目前已经形成"古城—古镇—古村"三级历史文化遗产保护体系。

1998年,苏州市政府成立了以市长为主任,副市长为副主任,各委办局领导为成员的"苏州市规划委员会"。同时成立"苏州市城市规划专家咨询委员会",聘请贝聿铭、周干峙、吴良镛、齐康、阮仪三等国内外著名专家担任顾问。2003年成立了苏州市历史文化名城名镇保护管理委员会,负责统筹协调历史文化名城名镇保护工作。

苏州市政府于2002年11月制定出台了《苏州古建筑保护条例》,2003年制定出台了《苏州市历史文化名城名镇保护办法》,对苏州古城和历史文化名镇进行了专门保护。针对保护对象的局限性,苏州市从解决传统村落保护的实践出发,为了保护区域内大量未列入文保单位、历史文化名村,但具有一定文物价值的传统村落,于2013年11月制定出台了《苏州市古村落保护条例》。2013年9月制定出台的《苏州市非物质文化遗产保护条例》对于一些传统村落的非物质文化遗产进行了保护。此外还对一些非遗项目实施了重点保护,如针对传统建筑营造技艺的保护专门制定出台了《关于保护传承香山帮传统建筑营造技艺实施意见》。

2012年苏州市制定出台的《关于加强苏州市古村落保护和利用的实施意见》明确规定,建立形成"市、县级市(区)、镇"三级领导机构。县级市、区成立古村落保护和利用指挥部,分管领导任总指挥,组织一套专业的班子,指导古村落保护和利用工作,指挥部成立专家咨询委员会,邀请市、区、当地的古村落保护方面专家,并吸收一些热心该工作的社会团体和个人参加,为古村落的保护提供技术服务。

苏州市吴中区成立了古村落保护开发工作协调领导小组,由区领导担任组长,明确了相关职能部门的工作职责。为了更好地保护传统村落和古建筑,吴中区政府制定出台了《关于加快推进吴中区古村落保护利用工作的实施意见》《吴中区古村落、古建筑保护专项资金管理办法》等多个地方政府规章。

南京市1989年制定出台了《南京市文物保护条例》,2018年11月制定出台《南京市地下文物保护条例》,对文物古迹和遗址墓葬进行了保护。2010年制定出台了《南京市历史文化名城保护条例》,提出历史文化名镇名村、历史文化街区、历史风貌区、古镇古村应当实行整体保护,保持其传统格局、历史风貌和空间尺度,保护与其相互依存的自然景观和环境。

无锡市在2006年12月制定出台了《无锡市历史文化名城保护办法》,提出保护城市的文物古迹、工业遗产、历史街区、传统村落等历史文化区域,保护和传承非物质文化遗产。2009年11月制定出台的《无锡市历史文化遗产保护条例》是我国第一部以"历史文化遗产保护"为题的地方性法规,保护范围扩大到历史文化名城、村镇、街区、不可移动文物、博物馆管理、考古勘探、非物质文化遗产等。

2009年,常州市政府颁发《常州市市区历史文化名城名镇名村保护实施办法》,2013年11月制定出台了《常州市文物保护办法》《常州市地下文物保护办法》。2013年出台的《常州历史文化名城保护规划(2013—2020)》,把魏村、鸣凰村、杨桥村、寨桥村、焦溪村、塘桥村、余巷村等7个传统村落列入其中。2017年1月制定出台的《常州市历史文化名城保护条例》中把焦溪等历史文化名村、杨桥等中国传统村落列入保护对象。

镇江市2013年9月制定出台了《镇江市文化遗产保护管理办法》，2018年2月出台《镇江市区域评估文物保护评价实施办法》，将物质文化遗产和非物质文化遗产合并在一起进行保护。目前《镇江市历史文化名城保护条例》正在制定中，草案中将华山村、葛村、儒里村等历史文化名村，黄墟村等传统村落列入保护对象。

为了更好地保护传统村落文化资源，各地依据《历史文化名城名镇名村街区保护规划编制审批办法》《传统村落保护发展规划编制基本要求（试行）》对区域内的历史文化名村和传统村落编制了保护与发展规划，对历史文化名村和传统村落的发展定位、保护内容和措施等进行了规划，如《南京市江宁区杨柳村古村保护与发展规划》《常州市郑陆镇焦溪村传统村落保护发展规划》《无锡市礼社历史文化名村保护规划》《苏州市金庭镇明月湾历史文化名村保护规划》《镇江市姚桥镇华山历史文化名村保护规划》等。

二、苏南传统村落文化资源旅游开发现状概述

江苏省政府2015年底印发《江苏省乡村旅游发展三年行动计划（2016-2018）》，为江苏乡村旅游发展指明方向。据了解，2017年江苏全省乡村旅游直接从业人员达42万人，乡村旅游实现年营业总收入近900亿元。[①]（表4-2）

表4-2 苏南传统村落A级以上旅游景区一览表

序号	所在村落	景区名称	景区等级	景区概况
1	苏州市吴中区香山街道舟山村	苏州吴中太湖旅游区（穹窿山景区）	AAAAA级旅游景区	景点：孙武苑、穹窿寺、宁邦寺、上真观、玩月台、中日友好樱花林
2	苏州市吴中区东山镇陆巷村	苏州吴中太湖旅游区（陆巷古村）	AAAAA级旅游景区	景点：惠和堂、粹和堂、遂高堂、寒谷渡、解元牌坊、会元牌坊、探花牌坊
3	苏州市吴中区东山镇三山村	苏州吴中太湖旅游区（三山岛景区）	AAAAA级旅游景区	国家湿地公园、国家地质公园 景点：十二生肖石、三峰寺、大佛字
4	苏州市吴中区东山镇翁巷村	苏州吴中太湖旅游区（启园）	AAAAA级旅游景区	景点：柳毅井、古杨梅树、康熙皇帝御码头
5	苏州市吴中区金庭镇明月湾村	苏州市西山景区（石公山景点）	AAAA级旅游景区	景点：古人风韵、夕光洞、一线天、明月坡、旱井、云梯
6	苏州市张家港市凤凰镇恬庄村	张家港市凤凰山景区	AAAA级旅游景区	景点：状元读书台、永庆寺

---

① 袁婷婷，雷琛烨.江苏：乡村旅游成为"金扁担"[N].中国旅游报，2018-05-16.

续表

序号	所在村落	景区名称	景区等级	景区概况
7	南京市高淳区漆桥镇漆桥村	南京市游子山休闲旅游区	AAAA级旅游景区	游子山主峰、祈福园、真如禅寺、游子山烈士陵园
8	常州市溧阳市水西村	溧阳市新四军江南指挥部纪念馆	AAAA级旅游景区	全国爱国主义教育示范基地,全国红色旅游经典景区,国家国防教育示范基地,国家级抗战纪念设施、遗址,全国重点文物保护单位
9	常州市溧阳市戴埠镇深溪岕村	溧阳市天目湖旅游区(南山竹海景区)	AAAAA级旅游景区	以竹文化和寿文化为主题,坐拥3.5万亩翠竹。景点:坝堤印月、竹筏放歌、夜营地、休闲村、南山寿泉、参天古株
10	常州市金坛区薛埠镇仙姑村	常州市东方盐湖城·道天下景区	AAAA级旅游景区	景点:观云白、八院、道风街
11	常州市金坛区薛埠镇仙姑村	常州市花谷奇缘景区	AAAA级旅游景区	景点:花神园、荷兰花园、茉莉花园、玫瑰花园、法国花园、厨房花园
12	镇江市句容市茅山风景区南镇街	句容市茅山景区	AAAAA级旅游景区	道教圣地 景点:茅山道院、九霄万福宫(顶宫)、华阳洞、仙人洞、八卦台
13	镇江市句容市宝华山下千华村	句容市宝华山国家森林公园	AAAA级旅游景区	景点:观景台、拜经台、秦淮之源、天龙福地广场、山龟听经、慈舟墓、将军洞、隆昌寺
14	镇江市丹阳市延陵镇九里村	丹阳市九里风景区	AA级旅游景区	景点:沸井涌泉、季子庙
15	镇江市丹徒区辛丰镇黄墟村	镇江市冷遹纪念馆	AA级旅游景区	民建中央爱国主义教育基地、省级文物保护单位

南京市乡村旅游形成了自己独特的品牌,黄龙岘茶文化村成为第一批全国乡村旅游重点村,黄龙岘是一座以茶文化休闲度假为特色的旅游村,是江苏省五星级乡村旅游景区。

苏州市拥有主题丰富、形式众多的乡村旅游产品,已经形成了独特的旅游品牌。吴中区组建专门从事古村落保护与开发的专业公司——苏州太湖洞庭古村旅游开发有限公司,对全区古村落、古建筑实施统一规划、统一筹资、统一保护和统一管理。目前已开发或有个别景点开发的传统村落有陆巷村、三山村、明月湾村、杨湾村、东村、堂里村、衙甪里村、翁巷村等。

2013年苏州吴中太湖旅游区成功创建为国家级5A旅游景区,2018年12月吴中区被评定为江苏省乡村旅游创新发展示范区。目前吴中区拥有12个江苏省星级乡村旅游区,4个全国特色景观旅游名镇村,1个中国乡村旅游创客示范基地。东山杨湾西巷村成功创建省四星级乡村旅游区,金庭镇明月湾村打造省五星级乡村旅游区。吴中区形成了东山民俗风情等为特色的民风民俗品牌和一批特色鲜明的旅游乡村品牌,如"太湖第一古村落"——陆巷古村、太湖"蓬莱"——三山岛、"吴王西施赏月地"——明月湾古村等。

无锡市乡村旅游近年来成高速增长态势,2018年全市乡村旅游总人次突破2 500万,总收入超过15亿元。[①] 无锡市一些历史文化名村进行了旅游开发,如无锡惠山礼社古街旅游开发有限公司负责礼社村的旅游开发和建设,目前已经开放孙冶方故居、薛暮桥故居等旅游景点,礼社村的民俗文化如玉祁礼社龙舞、礼社庙会等也进行了保护性开发,吸引了一些游客前来参观。

常州近年来融合乡村振兴战略提出"乡村旅游、生态旅游、文化旅游、体验旅游",打造天目湖南山乡村旅游集聚区、茅山茶文化乡村旅游集聚区,形成孟河——小黄山乡村旅游(万绥齐梁文化)、郑陆历史文化乡村旅游(焦溪圣贤文化)等特色旅游品牌。

镇江句容千华古村依托宝华山原生态的自然美景,拥有近4万平方米的以明清文化为特色的乡村古建筑群,目前着力将千华古村打造成为中国第一民俗村。镇江新区打造全域旅游,规划构建四个旅游区,其中东乡文化旅游区包括姚桥镇的儒里、华山两个古村及其周边区域,在有效保护华山和儒里两个古村落的基础上,加大整治环境和古村修复力度,挖掘文化内涵,突出华山文化民宿村和儒里孝道美食村的特色,分别创建全国特色景观旅游名村和中国历史文化名村,打造四星级乡村旅游区和江苏古村文化休闲新典范。

---

① 让乡土文化"活起来"无锡乡村旅游走进3.0时代[EB/OL]. http://news.thmz.com/col50/2019-04-24/1198195.html,2019-04-24.

第二部分

保护与开发主要类型研究

第五章 美丽乡村建设背景下苏南传统村落建筑文化资源保护与开发

一、苏南传统村落建筑文化资源概述

苏南传统村落建筑文化资源丰富,南京市杨柳村的杨柳村古建筑群是南京现存规模最大的明清民宅遗存之一,是江南地区典型的古民宅建筑。故宫设计者蒯祥为代表的香山帮匠人在江南地区建造了大量具有地域风格的传统建筑,苏州园林是其代表作之一。苏州传统村落中的大量古建筑是香山帮匠人设计建造的,苏州翁巷村是明清香山帮为代表的苏州精美建筑的荟萃之地,现存凝德堂、瑞霭堂、松风馆、尊德堂严宅、修德堂严宅、启园等传统建筑。

《营造法式》对苏南建筑影响巨大,苏州杨湾村轩辕宫留下了江南继承宋营造法式的元代精美大木做法实例,最接近《营造法式》中月梁形制的建筑,大多分布在太湖周围地区,如苏州陆巷村、明月湾村的宅院厅堂。[①]

(一) 苏南传统村落建筑文化资源分类

苏南传统村落建筑文化资源包含广泛,不仅有物质形态的建筑文化资源,还有非物质形态的建筑文化资源。物质形态的建筑文化资源主要有:(1) 古代遗址遗迹:古城池遗址、远古人类遗址等;(2) 功能性建筑:戏台、书院、祠堂、桥梁等;(3) 民居建筑:亭台楼榭、堂馆里舍等;(4) 宗教建筑:寺庙、道观、佛塔;(5) 防御守卫建筑:城墙、村堡;(6) 纪念性建筑:钟楼、鼓楼、牌坊;(7) 陵墓建筑:石阙、石坊、崖墓。

非物质形态的建筑文化资源指的是传统建筑思想、传统建筑选址、用材、建造工艺等。苏州东山和西山传统村落在选址上体现了中国传统的天人合一的思想,都把湖湾和山坞作为村落选址的首选,背靠东西山,紧邻太湖,是观山赏湖的绝佳胜地。苏州香山位于太湖之滨,香山自古以来建筑工匠辈出,被人称为香山帮,他们把传统建筑技术与建筑艺术完美结合,独创具有江南地域特色的传统建筑营造技艺。苏州太湖传统村落古建筑多半都是出自香山帮之手,砖雕作品有翁巷村瑞霭堂门楼,彩绘作品有翁巷村凝德堂彩画等。

---

① 周岚,朱光亚,张鑑.乡愁的记忆——江苏村落遗产特色和价值研究[M].南京:东南大学出版社,2017.

(二)苏南传统村落建筑文化资源价值分析

2015版《中国文物古迹保护准则》中提出:文物古迹的价值包含历史价值、艺术价值、科学价值以及社会价值和文化价值。[①] 建筑文化资源承载着一定的历史信息,蕴含着对不同时期的回忆,从不同角度反映了各个时期政治、经济、文化的发展状况。建筑文化资源是人类共有的宝贵财富,在历史、文化、艺术、教育等方面极具价值,因此对建筑文化资源的价值进行分析具有重要意义。

1. 历史价值

苏南传统村落建筑文化资源中历史遗存众多,这些历史遗存都是特定历史时期发生的历史事件形成的,代表着一定历史时期的历史。

苏州市吴中区东山镇三山村的三山岛遗址及哺乳动物化石地点是距今12 000多年前的旧石器时代的文化遗址,这表明吴地的人类文明史从新石器时代向前推进到了旧石器时代。

常州市阖闾城村的吴王阖闾城遗址是春秋时期吴王阖闾建造的都城,是目前为止长江下游发现的春秋时期最大的城址,记载着吴国辉煌强盛的历史时期,表明了常州是吴文化的发源地之一。

无锡市葛埭村的洪口墩遗址、庵基墩遗址,常州三星村遗址,是新石器时代马家浜文化、崧泽文化、良渚文化的历史遗存,表明这些地方早在远古时期就有人类活动的痕迹。

2. 文化价值

建筑文化资源的文化价值指的是体现了不同区域的地域文化、民族文化、宗教文化的多样化特征而具有的价值。建筑文化资源在时间维度和空间维度上独特的文化价值,体现了建筑文化资源文化多样性的特点。

从时间维度看,苏南传统村落建筑文化资源来自不同的年代,体现了不同时期的文化特性,苏州市杨湾村的轩辕宫正殿始建于元代,是太湖地区唯一仅存的元代木结构建筑,对于了解元代建筑文化特征有极其珍贵的价值。

从空间维度看,南京杨柳村古建筑群是江南典型的古民居建筑,是南京市保存最大最完整的明清古民居群,带有典型的南京地域文化特色。南京地域文化中固有的质朴、大气的风格,又使得该地域建筑具有同样的性格。[②]

3. 艺术价值

建筑文化资源艺术价值体现在建筑的造型设计、建筑色彩搭配、建筑装饰手法等方面,反映了特定时代的典型风格。苏南传统村落建筑文化资源艺术价值较高,在一定程度上体现了当时精湛的建筑营造技艺水平。苏州西山和东山的传统村落大多依山傍水,白墙黑瓦与青山绿水掩映在一起,画面如同诗意一般,令人向往和陶醉其中。

---

① 2015中国文物古迹保护准则[R].国际古迹遗址理事会中国国家委员会,2015.
② 马晓,周学鹰.南京杨柳村"九十九间半"[J].古建园林技术,2013(2):59-63,10-11.

苏州市堂里村的西山雕花楼出自香山帮之手，雕工技艺精湛，运用了砖雕、木雕、石雕等雕刻手法，梁柱和门楣采用木雕花饰，门楼、照壁和墙体采用砖雕刻制，整体建筑风格精美绝伦，堪称一幅精美绝伦的苏作雕刻艺术长卷，令人赞叹不止。

4. 教育价值

传统村落的建筑文化资源以其类型多样化、空间格局多层化、文化内涵多元化等特点，将中华优秀传统文化与审美艺术文化相结合，让人们在感知建筑文化资源的同时也对其蕴含的文化内涵有所了解，从而实现其教育价值。

传统村落民居建筑在选址和营造中体现了"天人合一"的哲学观，这种哲学思想是中国古代传统建筑文化的精髓，最终凝练成中国古代建筑文化的精神内涵。苏南传统村落中礼制建筑较多，体现了中国古代儒家思想的价值观念，对于传承和弘扬中华优秀传统文化具有重要的教育价值。

苏南传统村落的建筑文化资源中蕴含着丰富建筑思想，工匠在建造传统建筑的时候倾注了毕生心血，赋予了一定的精神寄托和思想情感，这些蕴含思想情感和人文精神的传统建筑具有一定的思政教育和情感教育价值，通过媒介将传统道德价值观念传播出去，达到对人们潜移默化的教育功能。

二、苏南传统村落建筑文化资源保护与开发现状

（一）苏南传统村落建筑文化资源保护与开发的成绩

苏南传统村落现存建筑文化资源类型丰富，历史悠久，大多数仍在使用中，这些建筑得到了较好的修缮和保护。各地都十分重视历史建筑的保护工作，建立并逐步完善了严格的历史建筑保护管理制度。

各地都利用现有的传统建筑进行了旅游开发，陆巷村是苏州市传统建筑数量最多、保存最好的一个传统村落，拥有惠和堂、怀德堂、宝俭堂、粹和堂、怀古堂、会老堂及探花、会元、解元三座明代牌楼等古建筑，有着"东山古建筑博物馆"的美称，陆巷村依托建筑文化资源进行了旅游开发，成为苏南传统村落旅游开发的成功典范。

（二）苏南传统村落建筑文化资源保护与开发存在的问题

1. 保护与开发工作不均衡

一些具有重要价值的各级文保单位的传统建筑得到了重点保护，而一些地处偏远村落且价值不高的传统建筑缺乏足够的重视。一些传统建筑虽然被列入各级文保单位，但由于建筑单体较小，利用价值不高，基本处于长期闲置的状态，未得到综合保护和开发。

苏州大多数传统村落位于太湖西山和东山风景区，自然环境优美，历史文化底蕴深厚，随着近年来乡村旅游的快速升温，吸引了大批游客前往参观，一些传统村落对传统建筑进行了保护性开发，但保护与开发工作不均衡，西山明月湾村的传统建筑得到了较好

的保护与开发,而东村、衙甪里村、东蔡村等却没得到充分的保护与开发。

2. 居民保护意识淡薄,建筑风貌遭到破坏

苏南五市中仅有苏州市出台了《苏州古建筑保护条例》,而其他四市均未出台单独针对传统建筑保护的地方性法规。

现存传统建筑一般都是明清、民国时期建造的,大多为以木结构建筑为主,很多传统建筑超过使用年限,由于年久失修,面临着倒塌的危险。焦溪村近年来因为房屋年久失修,遭受大雨之后,一些传统建筑屋顶破损渗漏,墙体开裂砖石裸露,已经不适合居民居住。

少数居民为了改善居住环境,将原来的老房子拆除重建,新建住宅多以现代风格为主,缺乏传统建筑特色,破坏了一些建筑的原始风貌。这些不协调的现代建筑夹杂其中,不仅破坏了村落原有的格局和自然环境,还破坏了传统建筑风貌。

3. 保护与开发类型单一,缺乏文化内涵

目前苏南传统村落保护与开发类型趋向单一性发展,很多传统建筑都是以展览馆的形式开放,对传统建筑的历史概况只是凭借一块标识牌,来简单介绍该建筑的建造年代、历史沿革、使用功能等信息,简单的文字介绍无法激起游客对于传统建筑历史的强烈兴趣。民居建筑内展出的大多是与之相关的文字图片、生活用品等,只是静态的展示,缺乏动态的展示,没有将当地的地域文化融入,游客从这些冷冰冰的物品很难感受到当地文化特色,也无法深入地领会到地方文化博大精深的魅力。

4. 过度开发,失去原本特色

传统村落建筑文化资源的开发实质就是开发其美学价值,让游客能感受到古建筑的厚重历史,提高自己的审美情趣。但是有些传统村落在开发时,在传统建筑附近新建了一些现代建筑作为陪衬,只考虑到游客的审美需求,而忽视了这些新建筑对古建筑美学价值的破坏。

虽然传统建筑开发可以带来经济效益,但是需要考虑一定的限度,过度的开发会给传统建筑带来毁坏。大多数传统村落开发民居建筑多是用作商业用途,主要以美食＋购物为开发方向,商业气息过于浓厚,没有历史文化的陈列,失去传统建筑原有的文化特色。

三、苏南传统村落建筑文化资源保护与开发的模式

(一) 保护与开发的原则

1964 年,《威尼斯宪章》中明确了古建筑保护的基本原则是原真性和完整性。2015 年,《中国文物古迹保护准则》中提出了文物古迹保护的原则,其中规定对文物古迹的保护应遵守:不改变原状,真实性的保护,完整性的保护,最低限度干预的保护,保护文化传

统,使用恰当的保护技术,防灾减灾的保护原则。[①]

苏南传统村落建筑文化资源保护原则大致可以分为整体性原则、原真性原则、可持续发展原则、分级保护原则等。

1. 整体性原则

传统村落的建筑是成规模的民居建筑,并非孤独的个体建筑。这些传统建筑与当地居民的生活密切相关,涉及各个方面,对传统建筑的保护是一个系统工程,需要作为一个整体工作来考虑。

我们要注重传统建筑整体保护,维护传统村落整体特征,保持其建筑格局的稳定性和完整性。不仅要保护传统建筑个体,还要保护与传统建筑相关的自然环境如山川河流、农田水利,街巷格局如街巷形制和布局结构,人文氛围如民俗文化、风土人情,让传统建筑的自然风貌、建筑布局与地方文化和谐统一,延续村落历史风貌。

2. 原真性原则

原真性原则要求对传统建筑的建筑风貌、建筑构造、建筑工艺等进行原汁原味的保护,保持建筑原本风貌、原本的环境特征和空间形态,力求达到原真性的最大保护,使传统建筑成为传递历史、延续历史的载体。

对于传统建筑的原貌,在修缮过程中要尊重原始文献资料和图纸,不能出现主观臆断。对传统建筑进行修缮时要采用"修旧如旧"的手法,从修缮保护设计、选材用料、建造技艺和工艺流程等方面开展,最大限度地保留其原始状态,确保建筑可以真实反映出建筑风格和建筑文化。

3. 可持续发展原则

传统建筑承载着一定的历史文化,也是居民赖以生存的安身之处,要想保持长远的发展,必须要坚持可持续发展的保护原则。传统建筑的保护与当地村落所处的生态环境密切相关,对传统建筑的保护要从单纯的个体保护向传统建筑生态环境保护延伸,把传统建筑周边的生态环境划入重点保护范围。

我们不仅要保护传统建筑的物质形态,还要保护传统建筑的原生态文化。以可持续发展的原则作为指导,不搞过度开发,遵循自然规律,注意统筹短期利益和长远利益以及经济发展与生态保护之间的关系,避免破坏传统建筑及其周边生态环境,实现传统建筑保护可持续发展。

4. 分级保护原则

根据价值评价标准将传统村落建筑分为不同级别,不同级别的建筑要采取不同的保护措施。根据建筑的价值、保持状况采取不同的保护方式:对文保单位和历史建筑作为重点保护对象,要定期派人进行修缮管理,在修缮过程中要保持建筑原貌;对建筑风貌与质量较好、构成传统村落风貌的重要建筑,要列入一般保护对象,适当加大整治开发力

[①] 中国国家文物局,国际古迹遗址理事会中国国家委员会.中国文物古迹保护准则[M].北京:文物出版社,2015.

度,根据具体情况可以对内部进行改造,改变其使用功能;对与传统村落建筑风貌不协调的新建筑,要予以拆除,根据原貌重建以前的建筑。

(二)苏南传统村落建筑文化资源保护与开发模式

1. 国内外建筑文化资源保护与开发模式

(1)日本"活态传承"保护模式

日本采取的是"活态传承"的保护模式,日本合掌村在传统村落与传统建筑保护与利用方面是成功的典范。如保护原生态建筑,政府组织相关专家成立了由村民、教育委员会、建筑师、文物保护专家等组成的合掌建筑群修复委员会;制定保护准则,合掌村村民自发成立了"白川乡合掌村集落自然保护协会",指定了白川乡的《住民宪法》,规定了合掌村建筑、土地、耕田、山林、树木"不许贩卖、不许出租、不许毁坏"的三大原则。合掌村内凡有要改造或新建住房,都必须事先提交房屋外形的建筑效果图和工程图,说明材料、色彩、外形和高度,得到协会批准后才能动工;重点改造展览建筑,将一些传统建筑改造成"合掌民家园"博物馆。[①]

(2)美国综合保护模式

美国乡村历史建筑的保护经历了一个从文物保护到活态保护,从单体保护到整体保护,从保护其历史价值到历史价值与环境、生态学、美学价值综合保护的过程。早在1916年美国便通过《国家公园管理法》设置了专门的历史保护机构,1966年的《国家历史保护法》则进一步对历史保护机构的职责予以明确,构建了一套完整而高效的保护体制。联邦与州之间进行有序分工合作,历史保护部门与农业部门之间相互协调配合,有效地实现了对乡村历史建筑的保护。[②]

2. 苏南传统村落建筑文化资源保护与开发的模式

(1)整体保护模式

整体保护模式指的是既保护古建筑和古民居的建筑风貌和建筑格局,又保护与之相联系的自然环境,人文资源。

苏州翁巷村是明清香山帮为代表的苏州精美建筑的荟萃之地,保存有大量的明清、民国时期民居建筑,省级文保单位有:瑞霭堂、凝德堂,市级文保单位柳毅井、启园、松风馆等。

对翁巷村的保护不仅要保护村落的传统建筑,还要保护村落周围的自然环境,把村落的道路、街巷、水塘、森林、农田、沟渠、码头等都列入保护范围,实施整体性保护措施,保持其原始风貌。整合翁巷村建筑文化资源与人文资源,以"古河、古桥、古街、古巷、古弄"为载体,将其打造成为独具江南水乡特色的文化旅游村。

[①] 顾小玲. 农村生态建筑与自然环境的保护与利用——以日本岐阜县白川乡合掌村的景观开发为例[J]. 建筑与文化,2013(3):91-92.

[②] 张敏,王思明. 美国乡村历史建筑的保护及启示[J]. 中国农史 2014(04):122-129.

(2) 异地搬迁保护模式

异地搬迁保护模式把散落的传统民居、传统建筑搬迁后集中复建，在力保传统建筑原真性的基础上进行适宜的旅游开发和利用，江西婺源篁岭是传统建筑异地搬迁保护的成功典范。

南京仓口村曾经是溧水的粮仓所在地，村中现存大量的古民居和古建筑，保留有三大宗祠——芮氏宗祠、樊氏宗祠、邱氏宗祠，以及多处市级历史建筑。由于年久失修，很多古建筑有残损。可以设立"古民居异地搬迁保护试验区"，将散落在仓口村的传统民居和古建筑异地搬迁，恢复原貌，集中开发运营，打造精品古建筑群。

(3) 创意性保护模式

创意性保护旨在通过文化创意元素的融入，让建筑文化融入当下人们生活，让人们从中感悟建筑文化、保护传统建筑。

苏州东山镇杨湾村历史上曾是东山西南部的主要商埠和水运码头，杨湾老街全长1 461米，连接着朱家巷、居巷、六扇巷等南北、东西向的街巷28条，拥有轩辕宫正殿、怀荫堂、明善堂、久大堂、崇本堂、晋锡堂、纯德堂等多处传统民居和古建筑。将杨湾村一些传统建筑开发成为文化创意和展示地方文化的场所，如将久大堂打造成为文创产品新业态书局，崇本堂打造成为红木家具博物馆，将晋锡堂、纯德堂打造成为文化民宿和书院。

四、苏南传统村落建筑文化资源保护与开发的对策

(一) 科学统筹，重视法规建设，合理利用政策

科学规划，合理统筹，对传统村落的建筑文化资源进行调查登记和价值评估，建立建筑文化资源数据库，针对古建筑等级和价值制定相应的保护方案。重视法规建设，完善建筑文化资源的法律法规，对传统村落的民居建筑保护做出法律的界定，将不属于文物保护单位的传统建筑列入保护范围，对民居建筑的保护修缮、构件保护、迁移保护等做出法律规定。严格执行传统建筑保护的法律法规，对于故意破坏和买卖文物的行为予以严厉的制裁。

合理利用政策，在开发传统建筑时遵循"保护为主，开发为辅"的原则，在政策允许的情况下进行合理开发。保护开发模式多样化，一方面要以政府为主导进行开发，由政府出资修缮传统建筑，完善基础设施，由政府统一管理，统一开发；另一方面要积极筹集社会资金，吸引外资投入到建筑文化资源保护与开发上来，鼓励居民以民居建筑入股，与开发公司共同出资修缮民居建筑，开发旅游服务设施，打造商业旅游开发项目，实现民居建筑保护与居民获利双赢。

(二) 适度开发，维系经济发展与建筑保护的平衡

充分注意维系经济发展与传统建筑保护之间的平衡。划定保护区的范围，禁止破坏

周边环境,维持建筑和周边环境的平衡。修缮传统建筑时不擅自改变建筑风格和建筑格局,修缮的材料和工艺要和本地的建筑相同,修缮的色彩和样式要和原来一样,不在传统建筑周围修建现代建筑,要保持传统建筑的统一性和协调性。禁止拆除现有建筑,随意改动建筑内部结构和改变建筑的使用功能。

制定建筑旅游开发的管理制度,禁止在建筑及其内部结构进行涂抹乱画,对破坏建筑行为予以处罚。为了防止游客带来的过多的生活垃圾破坏建筑的整体风貌,管理部门需要定期清理村落中的垃圾,对一些重要水系予以保护,禁止游客随意丢弃垃圾。

(三)深入挖掘建筑文化内涵,文化创意与旅游开发相融合

利用传统村落地域文化的优势,充分挖掘传统建筑的文化内涵,立足于村落的地域特色文化,注重地域文化的传承与创新,搜集整理关于传统建筑的传说故事、奇闻轶事、历史事件等,将这些独有的地域特色文化融入传统建筑的保护与开发,形成具有鲜明地域文化特色的传统村落旅游品牌。

将文化创意与传统建筑开发相融合,根据建筑的传说故事和奇闻轶事创作实景舞台剧,把建筑实景作为舞台艺术表演的文化博物馆,利用AR、VR高科技视觉传媒手段,让游客体验到建筑文化的独特魅力。

利用传统建筑开发一些文化创意项目,将一些传统建筑改造成为集文化交流、影视传媒、艺术创作等于一体的文化创意区。将当地的非遗资源与传统建筑有机结合,把非遗的设计作为文化创意的素材,传统建筑的历史典故和传说故事作为文化创意开发的基础,开发一系列建筑文化创意旅游产品,形成一条多元化的建筑文化创意产业链。

第六章 美丽乡村建设背景下苏南传统村落生态文化资源保护与开发

一、苏南传统村落生态文化资源概述

传统村落的生态文化资源指的是森林、河流、山脉、良田等自然生态系统，以及具有文化底蕴的文化资源，包括农业生态资源、生态园林资源、生态水体资源以及动植物园等。

苏南传统村落生态文化资源丰富，拥有完整的生态自然环境，独特的自然和文化景观，深厚的历史文化底蕴，自然和人文景观完美融合，将生态环境和文化环境紧密结合，开发生态文化旅游，旨在实现传统村落自身发展价值。

（一）苏南传统村落生态文化资源价值分类

苏南传统村落生态文化资源分为自然生态资源和生态景观文化资源，自然生态资源指的是山川河流、江河湖海等自然景观，生态景观文化资源指的是茶园、果园、农田等生态景观。

苏南传统村落大多分布在自然环境优美、人文环境良好的地区。陆巷村、杨湾村、翁巷村、三山村、明月湾村、东西蔡村、甪里村、涵村、东村、植里村、后埠村位于苏州AAAAA级太湖旅游度假区，拥有众多自然景观资源和生态景观资源。

南京江宁区黄龙岘村生态环境优美，境内层峦叠翠、湖潭棋布、景色宜人，空气清新，拥有牌坊水库、战备水库、黄龙潭、荷塘湿地、龟山、藏龙坡等自然景观，生态景观有2 600亩的茶园，建有茶园观光区，用以客人品茶休憩、茶艺表演、茶道体验、制茶欣赏等功能。

（二）苏南传统村落生态文化资源价值分析

1. 历史价值

自然生态文化资源在其发展过程中形成了深厚的历史文化底蕴，一些自然景观的命名就与历史名人有关系。苏州东山旧名莫厘山，相传隋莫厘将军曾居此故而命名。莫厘山古名又叫胥母山，因伍子胥迎母到山上而得名。常州焦溪村舜过山，亦称舜耕山，因舜帝曾路过并亲耕于此，故而得名。春秋军事家孙子隐居在苏州舟山村，并在此写出了中国历史上第一部兵书《孙子兵法》十三篇。西汉名士朱买臣曾在此砍柴、读书，清乾隆皇帝六次临山，留下很多鲜为人知的趣闻轶事。这些都反映了自然景观源远流长的历史，是历史文明发展的见证，对我们研究地方史具有重要的价值。茅山曾是新四军在华中敌后创建的重要根据地之一，它见证了中华民族反抗外来侵略的历史，对于研究中国抗战史具有重要的价值。

2. 文化价值

文化特征是生态文化资源区别于其他文化资源的主要特征。从山川河流的命名可以获知，生态文化资源被寓意了文化特征，它们代表着当地钟灵毓秀的山水文化，反映出当地的文化变迁与传承，具有很高的文化价值。

苏州三山岛发现的古文化遗址，是属于距今 12 000 多年前的旧石器时代的文化遗址，有力地支持了中华民族文化起源多元化的论点。农田景观属于农耕社会阶段的产物，一定程度上体现了当时的稻作文化。茅山是道教名山，拥有茅山道院九霄万福宫、印宫、乾元宫等景点，道教文化作为中华传统文化重要组成部分，对于研究宗教文化具有重要的价值。

3. 经济价值

开发生态文化资源可以带来一定的经济价值，全国各地都在利用当地的自然景观资源和生态景观资源进行旅游开发，通过自然景观和生态景观来激发人们对审美的需求，让人们在审美过程中得到美好的感受和体验。

生态文化旅游是依托自然资源和人文资源，对自然环境影响较小的旅游方式，发展生态文化旅游可以带来较好的经济收益。苏州西山和东山的传统村落利用生态文化资源进行旅游开发，苏州太湖旅游度假区利用洞庭山、太湖等自然山水，和传统村落的历史文物古迹和人文资源相结合，开发一系列旅游景点，吸引了大量游客前来参观，生态文化旅游成为经济支柱产业，当地居民生活得到了较大改善。

4. 教育价值

生态文化资源是人类赖以生存和发展的社会和物质条件的综合体，体现着人与自然相互依存、和睦相处的和谐理念。利用其进行生态教育，让受教育者深刻领会大自然的美丽之处，为了人类更加长久的享受大自然之美，要自觉养成保护自然资源和生态系统的保护意识，树立正确的生态观。教育人们要尊重自然生态规律来进行各种活动，考虑自然生态平衡性，自觉不做破坏自然生态的事情。

生态文化资源蕴含着丰富的教育元素，体现的是尊重自然、顺应自然、保护自然的生态文明理念。自然生态资源如山川河流的破坏外显性较强，一旦被破坏就会产生不可逆转的影响，长时间很难恢复到原状，人们对自然生态资源的保护意识就相当强烈，因此加强生态观教育是对生态文化资源有效的保护方式。

二、苏南传统村落生态文化资源保护与开发现状

（一）苏南传统村落生态文化资源保护与开发的成绩

近年来国家对生态文明高度重视，习近平总书记提出了"绿水青山就是金山银山"的发展理念，各地都在走生态发展之路。苏州生态资源禀赋良好、水乡风情浓郁，苏州坚持环境保护优先的发展理念，政府部门加大对太湖自然风景区、洞庭山等自然资源的保护力度，禁止在自然资源建设污染企业，设立自然保护区，对一些水产养殖场进行了关停。有的地方对生态资源进行了立法保护，从法律角度对一些重要的山体、水体等自然资源进行保护，有效地保护了自然生态资源。

苏州利用洞庭山、太湖为依托，打造西山太湖国家旅游度假区。常州利用道教圣地茅山进行了开发，定位于"道教养生、休闲度假、生态观光"，先后复建乾元观、崇寿观、元阳观等千年道观，引进华夏宝盛园、东方盐湖城、花谷奇缘等休闲旅游项目，打造具有茅山道教文化、山水文化、茶文化于一体的旅游风景区。

（二）苏南传统村落生态文化资源保护与开发存在的问题

1. 生态文化资源重视程度不够

尽管大多数传统村落的生态文化资源得到了较好的保护，但仍有一些村落对生态文化资源重视程度不够，曾经发生过破坏生态文化资源的现象。镇江市丹徒区黄墟村的马迹山的山体是石灰岩构成，并伴生板岩斧劈石，可以用来制作园林观赏石，由于非法开采，造成马迹山东侧破坏严重。常州市金坛区上阮村青龙洞水库是重要生态功能保护区，曾经出现水库附近有人非法占用土地建造办公用房的行为。

一些传统村落为了改善旅游景区的硬件设施，在景区内修建缆车和索道，这些设施虽然满足了游客的需求，但是给自然生态资源带来了破坏，破坏了生态资源的平衡性，严重制约了人与自然的和谐发展。发展生态文化旅游，必须重视保护生态环境，将旅游开发带来的对生态环境的破坏降到最低程度，否则就会使生态文化旅游成为无源之水。

2. 文化旅游与自然生态融合不够，生态资源的文化性挖掘不深

一些传统村落未将当地独特的地域文化与生态资源紧密融合，尽管生态旅游的表现形式多样化，但这些旅游项目很多是将文化资源与生态环境分离，表面看上去比较完美，实际失去了它原有的文化韵味。一些传统村落简单地将地域文化与生态资源融合，没有保持地域文化原真性和独特性，很难形成具有影响力的生态文化旅游品牌。

苏州太湖流域是吴文化的核心区域，吴文化的文化特性是其重要的文化资源，一些传统村落在开发生态文化旅游时没有融入吴文化的特性，缺少文化特性的生态旅游产品难以获得较强竞争力。对于以山水自然景观见长的传统村落来说，如何深入挖掘自然生态资源的文化价值，是一个至关重要的问题。

3. 生态文化旅游发展模式单一，缺乏特色和创新性

一些传统村落生态文化旅游发展模式单一，尽管拥有丰富的生态旅游资源，但是在旅游产品的发展模式上趋于单一。大多数的生态旅游产品都是以观光为主，让游客通过游览来领略到优美的自然风光和雄壮的山河。随着时代的发展，很多游客对旅游产品的认知不断深入，不再停留在简单的观赏式旅游方式，而是要求能够享受到体验式的旅游产品。生态文化旅游发展模式应该多样化，以此来满足游客的更高需求。

一些传统村落在开发生态文化旅游时没有考虑到创新性，只注重旅游景点的实体开发，忽略了景点的文化内涵，开发的旅游项目和其他地方大同小异，没有体现自己的文化特色，没有在开发文化旅游产品上下功夫，因此游客无法通过旅游产品感受到不同地区的文化差异，无法深刻体会到当地独特的风土人情和民俗文化，无法满足对旅游项目新鲜感的追求。

三、苏南传统村落生态文化资源保护与开发的模式

（一）苏南传统村落生态文化资源保护与开发的原则

1. 生态保护优先原则

发展生态文化旅游，必须坚持生态保护优先的原则。保持一个地区的原生态文化与自然环境原真性是进行生态文化旅游发展的前提，要防止在旅游开发中破坏生态环境和原生态文化，注重自然生态和生态文化保护。处理好旅游资源开发与自然生态保护之间的关系，坚持生态保护优先，科学合理开发的原则，对一些地区的特殊自然景观需要加以重点保护。

生态旅游的开发一定要建立在自然资源保护之上，一旦自然资源遭到严重破坏，那么生态旅游就无从谈起。生态文化资源的保护要注意防止环境污染出现，开发旅游资源时注意使用清洁能源，减少废弃污染物的排放，科学配置与合理利用自然资源。

2. 有机整体性原则

生态文化资源作为一种资源，是一个自然和社会的有机体。要把生态文化资源作为一个整体看待，注重整体保护，维护生态资源整体特征，保持其生态文化资源完整性和统一性。不仅要保护生态资源个体，还要保护与生态资源相关的自然要素以及民俗文化、风土人情等人文要素，让自然资源与生态文化和谐统一。

开发过程中要着眼于把旅游景点放到传统村落的整体空间中，与社会与文化环境结合在一起，让游客感知生态旅游资源的整体性。如焦溪村在开发舜过山旅游资源时，要和凤凰山、秦望山、鹤山、石堰山、舜山、龙溪河等自然资源一起整体开发，融入舜文化元素，打造具有地域文化特征的生态旅游产品。

3. 可持续发展原则

可持续发展的核心是实现生态文化资源的可持续利用，最终实现经济和社会的可持

续发展和人与自然的和谐发展。生态文化资源的保护关系到人类的长远发展,但现实中有人只顾眼前利益,为了满足当前的需要而弃生态保护于不理,不进行科学的论证和合理的规划设计就盲目地开发生态文化资源,因此给生态文化资源的可持续发展带来了严重威胁。

任何生态资源都有一定的承载力,过度的开发会给其带来毁灭性破坏。生态旅游景点每日容纳的人数是有限的,需要控制游客数量在一个安全的范围。生态旅游景点要根据自身的容量制定科学的计划,合理安排游客参观,遵循自然规律,以保护生态文化资源为前提,走可持续发展之路。

(二) 苏南传统村落生态文化资源保护与开发的模式

1. 国内外生态文化资源保护与开发模式

(1) 生态博物馆

生态博物馆这一概念是由法国环境部长在1971年举办的国际博物馆协会第九届大会上第一次使用并提出。[1]

1998年10月31日,中国第一座生态博物馆——贵州六枝梭嘎生态博物馆建成开馆。生态博物馆包含12个苗族村寨,总面积120平方千米,目的是对区域内的自然遗产和文化进行整体保护。

继贵州六枝梭嘎生态博物馆之后,全国各地出现了众多生态博物馆。2003年,广西壮族自治区率先在全国启动广西民族生态博物馆建设1+10工程,将广西民族博物馆与10个生态博物馆联合起来,共同保护民族文化。内蒙古达茂旗依托敖伦苏木古城,建设一座集聚草原文化特色的生态博物馆。

除了这些少数民族地区的生态博物馆之外,东部发达地区建有浙江安吉生态博物馆。它由1个中心馆、12个专题生态博物馆和26个村落文化展示馆组成,覆盖全县1886平方千米的面积,于2012年10月29日正式开馆。

生态博物馆将区域内的自然资源、生态资源、人文资源进行了整体保护,是一种比较好的生态文化资源保护模式,可以带动当地的生态文化旅游发展。

(2) 生态文化旅游区

生态文化旅游区是指利用自然资源、生态资源、文化资源等,以生态文化为主题,具备完善的旅游服务设施,具有明确的地域范围,可以提供观光旅游、休闲度假、健身娱乐等功能的独立管理区。

目前,国内很多地方建有生态文化旅游区,如河北省承德市滦平县金山岭生态文化旅游区是以金山岭长城风景名胜区和白草洼国家森林公园等旅游资源为核心而设立的旅游区,区内包括两镇三乡,规划面积789平方千米左右。

武当山太极湖生态文化旅游区是以武当山和太极湖为依托,由旅游度假板块、水上

---

[1] 刘宗碧.生态博物馆的传统村落保护问题反思[J].东南文化,2017(6):103-108.

游览板块和户外休闲板块组成,包括文化体验区、度假酒店区、森林公园区等分区,涵盖180多个生态文化旅游项目。

生态文化旅游区对于当地自然环境、生态资源、历史文化遗存的保护都起到了一定的积极作用,不仅促进了原住地居民生活水平提高,还实现了旅游经济可持续发展。

(3) 生态文化旅游圈

生态文化旅游圈是整合不同地区秀丽的自然风光、厚重的文物古迹、绚丽的民俗文化等各种丰富的生态文化资源,利用旅游资源集中打造具有自然观光、民俗文化体验、文化艺术欣赏、休闲度假于一体的综合性旅游区。

鄂西生态文化旅游圈位于湖北西部的宜昌、恩施、神农架、十堰、襄阳、随州、荆门、荆州等8个市州,文化遗产资源十分丰富,有各类文化遗产1000余处(项),包括世界遗产(武当山、明显陵)、全国重点文物保护单位、省级重点文物保护单位、历史文化名城、历史文化名镇、历史文化名村和国家非物质文化遗产及国家级民间艺术之乡等文化遗产资源。[①]

生态文化旅游圈通过整合各地区丰富的生态文化资源,汇集各地丰富多彩的民俗文化,形成多形式、多品种、复合型的旅游产品,从而推动了各地区旅游资源的整合和开发,打响了旅游品牌知名度,提高了旅游产品的市场竞争力。

2. 苏南传统村落生态文化资源保护与开发的模式

(1) 生态养生度假区

生态养生旅游度假区是指以草原、湖泊、山川、森林、温泉等自然资源为基础,以生态养生为特色主题,将传统的养生文化与现代的休闲旅游文化融合在一起,展示养生资源和养生文化的旅游区。

黄龙岘村位于南京市江宁区西部美丽乡村示范片区核心区域,是江宁区西部生态旅游廊道上的重要一环。全村面积0.91平方千米,其中山林、茶园面积2000多亩,被誉为"金陵茶文化旅游第一村"。黄龙岘村东邻战备水库,西接牌坊水库,拥有黄龙潭、荷塘湿地、龟山、藏龙坡等生态景观资源。依托黄龙岘村优质自然资源,以休闲养生度假为主题,深入挖掘黄龙岘村民俗文化内涵,建设中医养生体验街、养生文化博览中心、养生会所等,打造集中医保健养生、宗教文化朝圣、休闲度假、旅游观光于一体的生态养生度假区。

(2) 休闲体育旅游生态区

休闲体育旅游生态区是指利用得天独厚的山地资源,发掘山区休闲体育魅力,开发休闲体育旅游产品,建设休闲体育旅游项目,打造集休闲度假、体育文化、健康旅游为一体的多元化旅游综合体。

镇江句容市千华村位于宝华山下,宝华山古树蔽日参天,溪流纵横,绿柳成荫,森林

---

① 鄂西生态文化旅游圈文化简介[EB/OL]. http://hb.people.com.cn/n2/2016/0302/c194094-27849388.html,2016-03-02.

覆盖率高达92%,是国家级森林公园。依托宝华山的地理特征,结合当地的体育特色,开发一些体育活动项目,将体育文化与健康旅游有机结合,聚焦山地马拉松、攀岩登山等户外运动,承接举办一些大型的休闲体育赛事,建设融合观光、休闲、健身、养生等多元素的户外运动和体育文化主题公园,将休闲旅游和体育运动有机融合,打造具有山区特色的集户外运动、体育文化展示、休闲旅游、健康养生于一体的休闲体育旅游生态区。

(3) 生态文化旅游节

生态文化旅游节是一种旅游节庆模式,以本地区优美的自然风光、生态景观、历史文化、民俗文化为吸引物,游客通过参加此类旅游节,可以领略到当地的秀丽风光,还可以了解本地区的民俗文化,从中获取一定的科学文化知识。

苏州西山传统村落自然风光秀丽,历史文化底蕴深厚,有碧螺春茶园、李子园、枇杷园、杨梅园、桃园、石榴园、枣园、葡萄园、梨园、橘园、玫瑰园等生态景观。依托太湖和西山的自然资源,以"展现绿色西山、体验吴文化魅力"为主题,开发出具有个性和特色的旅游节活动,突出西山的鲜明个性与吴文化魅力。开发旅游节时要注意保持生态环境的平衡性,不去破坏生态环境,促进经济、社会、生态协调发展。

四、苏南传统村落生态文化资源保护与开发的对策

(一) 重视生态保护,形成和谐生态自然观

生态文化旅游资源的开发,要重视生态保护,加大生态资源的保护力度,处理好生态资源保护与旅游开发的关系,加强自然生态资源如山川河流和生态植被等综合保护,注重保持当地水土平衡,提高森林覆盖率,构建生态文化保护区。大力发展循环经济,使用清洁能源,确保生活污水达标排放,实现人与自然和谐发展。

各地要制定科学合理的旅游规划,着眼于生态旅游的全局发展,处理好生态文化旅游各个环节的关系,促进生态旅游协调发展,带动当地经济社会发展。生态文化旅游资源在开发过程中,如果片面追求经济利益,而忽视生态资源的保护,就会造成旅游景点超出实际承载力而产生严重破坏,这样就严重背离了生态文化旅游资源开发的本意,因此需要运用法律手段进行规范。依法治理生态文化旅游,建立健全各类生态资源保护与生态旅游开发方面的法律法规,做到有法可依;对一些不规范的旅游开发行为应予以制止,严厉打击一切在生态文化旅游资源开发中的非法行为,做到执法必严;对破坏生态文化资源的行为要予以规范,让他们明白生态文化资源保护在旅游开发中的重要性,做到懂法守法。只有做到依法治理生态文化旅游,才可以保证生态文化旅游健康发展。

(二) 深入挖掘文化内涵,彰显生态文化资源特色性和创新性

深入挖掘传统村落文化内涵,打造具有独特魅力的生态旅游品牌。特色是传统村落生态文化资源保护与开发的灵魂,具有特色的生态文化旅游资源具有较强的竞争力。

生态文化资源的旅游开发需要体现本地生态文化资源的独特魅力,注重体现本地区的旅游个性,不仅要在品牌上打造独有的特色,还要结合地域文化资源找出独有的特色。立足于传统村落的特色文化,注重文化的传承,挖掘当地特有的文化内涵,将特色文化融入生态文化资源的开发中,形成具有鲜明文化特色的生态旅游资源。

吴王阖闾城遗址位于常州市阖闾城村,围绕吴文化的优势,将吴王阖闾城遗址与传统村落保护与开发结合起来,将吴文化与生态文化紧密融合在一起,开发吴文化精品旅游产品,在传承吴文化的同时彰显吴文化特色和魅力,将阖闾城村打造成为独具吴文化特色的传统村落。

(三) 开发多样化旅游产品,加大生态文化旅游的营销力度

苏南传统村落生态文化资源是丰富多彩的,运用不同的生态文化资源开发多样化的生态旅游产品,以满足不同人群的需求。根据一个村落的山水资源,开发成森林公园、地质公园、湿地公园等,各种旅游资源赋予其文化内涵,设计不同风格的旅游模式,如观光旅游、文化体验、养生保健、科学研究等。

生态旅游品牌的塑造至关重要,将生态形象与文化形象紧密结合,可以让更多的民众了解旅游景点。加大生态文化旅游资源的宣传力度,对其进行明确和鲜明的形象定位,运用市场营销学的理念进行宣传推广,利用现代传媒技术手段将生态旅游资源拍成宣传片,通过网络和视频网站进行宣传。还可以借助于微信、微博等网络工具,开发生态旅游资源的微信公众号和官方微博账号,将生态文化旅游资源相关的图片资料和视频资料定期予以推送,让民众对生态旅游资源产生初步的认识。

第七章　美丽乡村建设背景下苏南传统村落名人文化资源保护与开发

一、苏南传统村落名人文化资源概述

江苏自古以来人杰地灵，名人辈出，在各个领域都涌现出众多杰出人物。苏南传统村落自然风光秀丽，历史古迹众多，吸引了大批文人到此游览和隐居，他们留下了数量众多的遗址遗迹，成为丰富的名人旅游资源。

（一）苏南传统村落名人文化资源分类

目前学术界对于名人的分类各不相同，根据名人知名度的大小，可以分为世界级名人、国际级名人、国家级名人、省市级名人和地县级名人五个等级；根据名人所处的领域，可以分为政治名人、文化名人、科技名人、文化名人、教育名人、军事名人、艺术名人等；根据名人文化资源存在的形式划分，可分为物质形态的名人文化资源和非物质形态的名人文化资源，即有形的名人文化资源和无形的名人文化资源。

按照国家旅游资源分类方法（GB/T18972—2003），苏南传统村落名人文化资源包括遗址遗迹、建筑与设施、人文活动三大主类、七大亚类、七种基本类型。（表7-1）

表7-1　苏南传统村落名人旅游资源一览表

主类	亚类	代码和基本类型	主要单体示例
E.遗址遗迹	EB社会经济文化活动遗址遗迹	EBA历史事件发生地	歇马桥
F.建筑与设施	FB单体活动场馆	FBC展示演示场馆	廉吏暴式昭纪念馆、韩世忠纪念馆
	FC景观建筑与附属型建筑	FCH碑碣（林）	延陵季子碑、十字碑亭
	FD居住地与社区	FDD名人故居与历史纪念建筑	会老堂、惠和堂、解元、会元、探花三牌坊、宝俭堂、状元墙门、栖贤巷门、孙冶方故居、薛暮桥故居、费孝子祠、承志堂、仁本堂、薛佛影旧居、秦家大院、唐星海故居、高晓声故居、薛氏宗祠、冯仲云故居、冯氏宗祠、冷遹故居、季子庙

续表

主类	亚类	代码和基本类型	主要单体示例
F.建筑与设施	FE 归葬地	FEA 陵区陵园	王鏊墓、席温将军墓、秦仪墓、合剌普华墓
H.人文活动	HA 人事记录	HAA 人物	孙冶方、薛暮桥、冯仲云、王鏊唐星海等
	HB 艺术	HBB 文学艺术作品	名人的文学、诗词作品等

1. 苏南传统村落物质形态名人文化资源

物质形态的名人资源主要包括与名人相关的遗址遗迹以及为了纪念名人而建造的纪念馆、纪念设施等,主要有名人故里、名人故居、名人贡献地、名人建筑物、名人墓葬、名人塑像、名人碑刻、名人行迹等。

苏州陆巷村是明代宰相王鏊故里,与其相关的有王鏊墓、会老堂、惠和堂、解元、会元、探花三牌坊等遗存。暴式昭在苏州西山甪里巡检司任九品巡检官,任职期间勤政爱民,廉洁奉公,深受百姓爱戴。后人为了纪念他的功绩,就在西山明月湾村修建了廉吏暴式昭纪念馆。

2. 苏南传统村落非物质形态名人文化资源

非物质形态的名人文化资源是指与名人有关的生平事迹、传说轶事、学说以及名人留下的思想观念和精神文化等,一般指的是名人诗词、文学、书画、著作等,这些都是他们留给后人的宝贵精神财富。

无锡礼社村孙冶方和薛暮桥是中国著名经济学家。孙冶方在经济理论方面造诣深厚,最为擅长的领域是价值理论,先后出版了《社会主义经济的若干理论问题》《社会主义经济的若干理论问题(续集)》《社会主义经济论稿》等著作。为了纪念他对经济科学的重大贡献,专门设立了孙冶方经济科学奖。薛暮桥是新中国第一代社会主义经济学家和高级经济官员之一,主要著作有《中国社会主义经济问题研究》《论中国经济体制改革》等。他们的经济学学说和理论对后世影响深远,对中国经济科学具有重要推动作用。

(二)苏南传统村落名人文化资源价值分析

1. 历史价值

名人是在一定历史时代产生的,名人在社会活动中承载的各种信息都是对当时政治、经济、文化等社会活动的一种反映。物质形态的名人文化资源见证了名人的活动轨迹,提供一些历史事件和人物活动的真实环境,蕴含着对当时政治、经济、文化、科技等诸多信息。名人所处的人文环境和使用过的物品则在不同方面反映了当地的风俗习惯,通过这些物质文化资源,可以获知名人所处时代的历史内涵。

名人一般是对国家和人民起过正面历史作用的人物,他们在一定程度上影响着历史发展的进程,为国家和民族做出过贡献,深入挖掘这些名人背后的历史事实和历史故事,可以让人们了解名人生活时期的重大历史事件和重要活动，帮助人们认识和还原历史原貌。

2. 文化价值

名人是文化的载体，名人的思想学说、名人的人格品质、名人的影响力、名人的精神等是地方文化特征的集中表现和重要体现，它是中华传统文化的精华部分，其丰富的文化内涵是珍贵的资源。

常州万绥村因出了齐高帝萧道成、梁武帝萧衍两位开国帝王，故有"齐梁故里"之称。尽管齐、梁两个王朝统治时间都很短，但是南朝齐、梁两个王朝在经学、史学、哲学、文学、宗教等方面都取得了非凡的成就，造就了繁盛的齐梁文化，使中华文明得到了延续与弘扬。南北朝时期的南朝，被史学界公认为当时华夏文化的中心。齐梁文化是中国历史文化的重要组成部分，对于研究南朝时期政治、经济、文化具有重要的文化价值。

3. 经济价值

名人文化资源作为一种旅游资源已经凸显出它的经济价值，名人文化资源保护的越好，在开发旅游中的价值就越高。名人文化资源不仅可以转化为文化资本，还可以通过旅游开发来实现它的经济价值。各个村落都在深入挖掘名人精神价值，开发名人文化旅游项目，打造名人文化品牌。

开发名人文化资源不仅可以提升传统村落的知名度，还可以通过名人资源的旅游开发，吸引游客前来参观，从而获得一定的经济收益，改善当地居民的生活水平。

4. 教育价值

名人都是在一定领域取得杰出成就的代表人物，他们的优良品质都是后人敬仰和学习的重要内容。苏南传统村落的名人一般都是正面典型人物和榜样，他们是所处时代社会道德的开创者或模范履行者，他们身上传承的是中华民族的传统美德，他们的优秀事迹对于塑造人们世界观、人生观、价值观具有重要的示范作用。他们的成长经历和奋斗历史影响和激励着年轻一代，他们让年轻人以自己家乡的名人为榜样，热爱自己的家乡和祖国。

苏州后埠村的费孝友因为孝行著称，被清代嘉庆皇帝御赐"笃行淳备"四个字，并赐建孝子牌坊。费孝子身上体现的传统孝德文化和当代社会主义核心价值观是相统一的，利用费孝子的孝道文化加强青少年的感恩教育，让青少年养成感恩的品德和操行，懂得感恩社会和报效祖国。

二、苏南传统村落名人文化资源保护与开发现状

（一）苏南传统村落名人文化资源保护与开发的成绩

苏南传统村落名人文化资源得到了各级政府部门的重视，很多村落都在开发名人旅游资源，获得了一定的经济效益。镇江丹阳市延陵镇九里村对春秋季子的名人文化资源

进行了开发,修建了以"季子诚信文化"为核心内容的九里景区,打造集旅游观光、休闲度假、文化体验于一体的名人文化旅游景区。九里村已经连续举办好多届季子文化旅游节,通过文化活动来传承季子至德诚信的嘉贤风范,从广度和深度上延伸诚信文化。

(二)苏南传统村落名人文化资源保护与开发的问题

1. 名人物质资源保护不力,名人资源物质载体缺乏

名人物质资源承载着名人的历史与文化,名人文化资源的保护不仅包括名人故居、名人故里等,还包括名人文化资源所处的人文环境。一些传统村落的名人资源由于缺少足够的重视,基本处于濒临灭亡的状态,对它们的保护已迫在眉睫。无锡礼社村保存完好的名人故居只有省级文保单位孙冶方故居、薛暮桥故居,其他如薛佛影旧居、秦家大院等没有成为文保单位,无法获得专项保护资金的支持,它们的保护工作就面临着巨大的经济压力。

苏南传统村落名人众多,但名人的物质载体缺乏。苏州东村是汉初著名隐士"商山四皓"中的老大东园公隐居地,甪里村是"商山四皓"中的甪里先生隐居地,这一说法在《震泽编》《吴县志》都有记载。绮里曾有"四皓祠",祠内供奉四皓牌位,由于文革时期遭到破坏,从此无处寻觅。名人物质载体的缺乏,导致名人的存在缺少了证据,在开发旅游产品时就失去了历史文化内涵。

2. 名人文化资源开发形式单一,缺乏创意和时尚特征

目前针对名人文化资源的保护与开发形式比较单一,停留在传统开发方式,如参观名人故居,参与名人民俗文化活动,观看表演节目。名人故居的保护与开发方式,主要是开辟为纪念馆、展览馆、陈列馆等,如孙冶方故居设立孙冶方纪念馆,王鏊故居惠和堂改造为明清建筑博物馆。

已经开发的名人故居主要是纪念馆形式进行开放,大多数名纪念馆采用传统陈列资料展览的模式,是固态和静态的,缺少现代科技手段,如光、电、声融合以及虚拟现实技术。这些纪念馆均未开设专门的宣传网站,也没有建立微信公众平台和微博等新媒体宣传网络,缺少多渠道的现代多媒体技术传播手段,导致名人文化资源传播范围受限,影响到名人资源传播内容的丰富程度。

一些传统村落开发名人旅游产品缺乏创意理念,没有结合当前的时尚元素和当今时代主题,未能体现地方文化的时代价值,没有利用现代化的科技手段来反映名人文化资源的独特魅力,开发出来的名人文化旅游产品缺乏娱乐性和趣味性,难以形成较强的市场竞争力。

3. 名人精神思想挖掘不深,缺乏自身特色

名人文化资源开发时一般只是注重旅游景点的开发数量,但对名人文化和精神内涵开发的还不够。而名人精神思想则是名人文化资源的内涵,这些名人之所以会出名是因为他们的精神思想与众不同,具有较强的影响力。

但当下的名人文化资源开发中却忽视了这一点,一些传统村落在开发名人旅游景点

时往往花费巨资去建造名人塑像、名人展览馆等,却没有深入挖掘名人精神思想,在名人精神内涵上下功夫,形成自己独特的风格。

名人精神思想是传统村落名人文化的灵魂所在,它是和传统村落紧密相连、密不可分的,一个传统村落要想发展名人文化旅游,必须注重对名人精神思想的挖掘,通过名人精神思想的发掘,来带动其他资源的联动开发,从而实现更高的经济收益。

4. 名人品牌形象塑造缺乏,名人品牌影响力不足

名人品牌形象对于打造名人文化旅游产品至关重要,具有深厚文化底蕴的名人品牌能起到强有力的吸引作用,深入挖掘名人文化资源中的文化内涵,对于塑造名人品牌良好形象具有重要作用。

一些传统村落在开发名人文化资源时缺乏品牌意识,没有重视名人文化品牌建设,未能形成较强的竞争力。从无锡礼社村名人文化资源开发来看,尽管已经对一些名人故居进行修缮开放,但是对这些名人产生的背景和影响力挖掘不深,尤其是对于孙冶方和薛暮桥两大中国经济学家的名人品牌缺乏品牌管理知识,不懂得提高名人品牌的知名度,也不懂得通过旅游产品来塑造名人品牌形象,从而导致名人文化品牌影响力不足。

三、苏南传统村落名人文化资源保护与开发的模式

(一) 苏南传统村落名人文化资源保护与开发的原则

1. 文化传承性原则

苏南传统村落名人辈出,尤其是近现代涌现出一大批蜚声海内外的名人。这些名人继承中华优秀传统文化的深厚内涵并发展创新,是中国近现代文化的重要组成部分,也是一个传统村落的文化之魂。

名人是重要的文化遗产资源,具有传承文化的价值。深入挖掘名人文化思想中的传统文化精髓,将他们与发展现实文化有机融合,在继承中发展,在发展中继承,形成名人文化传承创新体系。这对继承和发扬中华传统文化精髓,增强文化自信具有重要现实意义。

2. 地域特色性原则

各个村落都在利用名人开发旅游资源,如何在这激烈的竞争中,形成自己的地域特色性是名人文化旅游品牌成功的关键。苏州传统村落的地域文化来自于吴文化,具有吴文化的内涵和特征。在历史发展长河中,吴文化与其他外来文化相互融合发展,博采众长,形成独特的苏州地域文化。

苏州的传统村落受到吴文化重文重教的理念影响,出现了大批在科举考试中取得功名的人物,如陆巷村在古代出了一名状元、一名探花、十几名进士和四十几名举人。这些名人取得的成功与当地地域文化密不可分,因此在开发名人文化资源时要注重保持地域特色性原则。

3. 模式创新性原则

创新是一个民族进步的灵魂,是一个国家兴旺发达的不竭动力,也是一个政党永葆生机的源泉。名人文化资源的保护与开发必须立足于当今社会现代人的生活需求,在不断的实践中发展创新,使名人文化具有较强的生命力。

传统村落名人文化资源保护与开发需要观念和技术手段的创新,在保护名人文化资源真实性和完整性的前提下,要与现代社会发展相结合。在名人文化资源保护与开发的模式上进行大胆创新,在传统模式中融入现代化的技术手段,让名人"活"起来,实现名人文化资源的创造性转化和创新性发展。

(二)苏南传统村落名人文化资源保护与开发的模式

1. 国内外名人文化资源保护与开发模式

(1)名人馆

名人馆是名人文化资源开发的一种模式,目前全国有大小几百家名人馆,馆内以展出地方名人生平事迹为主。安徽名人馆是全国首家地方籍名人展馆,拥有全国最大全息多媒体展厅和全国唯一声光电高科技场景,馆内不仅展出安徽籍名人,还展出在安徽留下重要足迹的人物,是目前国内面积最大、集聚名人最多的名人专题类博物馆。

苏州东山方志名人馆于1995年对外开放,是全国首家乡镇级方志馆。2004年和2013年进行过两次扩馆,现有展馆面积五间,500多平方米,展出的有东山从古至今有影响的各界代表人物380多人,分党和国家领导人视察东山、受党和国家领导人接见的东山人和侨界、政界、军界、科技界、文化界、教育界等11个栏目。[①]

(2)名人文化园

名人文化园一般是依托名人遗址遗迹而建设,大多选择一些自然环境优美、历史文化遗存丰富的地区,打造融历史文化、休闲娱乐、民俗文化、生态旅游等为一体的大型文化旅游景区。国内名人文化园比较有名的有河南漯河许慎文化园,文化园依托全国重点文物保护单位许慎墓规划建设而成,景点有中华辞书博物馆、说文解字文物陈列馆、字形牌坊、许慎墓等。目前各地都在围绕本地区的名人文化资源开发旅游项目,打造名人文化园,如四川成都的扬雄文化园、山东广饶孙子文化园等。

(3)名人纪念园

名人纪念园一般是选择影响力大的,在中国历史上做出杰出贡献的人物,在其家乡建立的集纪念、教育、旅游于一体的风景园。国内比较有名的名人纪念园有韶山毛泽东纪念园,毛泽东纪念园以韶山毛泽东故居为依托,选取毛泽东革命生涯中各个重要时期的人文景观和自然景观,建设毛泽东纪念堂等28个景点。开园二十多年来,共计接待了800多万中外游客。此外还有朱德纪念园、叶挺将军纪念园等,都是选择在名人故里进行

---

① 薛利华. 史海耕耘为东山游子留住乡愁[EB/OL]. http://sz.wenming.cn/zhgj/201509/t20150909_1972156.shtml, 2015-09-09.

旅游开发,均取得了较好的经济和社会效益。

2. 苏南传统村落名人文化资源保护与开发的模式

根据国内外名人资源开发利用的成功经验,苏南传统村落名人资源保护与开发可以采用名人文化主题公园、名人旅游社区、名人文化创意产业园、名人纪念日等模式。

(1) 名人文化主题公园模式

名人主题公园指的是以名人为主题,采用科技手段,按照特定主题来规划设计,以展现名人事迹为目的,融合自然景观、人文景观、历史遗存为一体,集观光旅游、娱乐休闲、爱国主义教育为一体的主题公园。

镇江市黄墟村是辛亥革命的功臣和先驱、民主革命家冷遹的故里,冷遹历任全国政协委员、江苏省政协副主席、江苏省副省长等职。黄墟村自然环境优美,生态景观良好,依托当地的自然景观和人文景观,建设名人主题公园,将其规划成雕塑园、艺术园,雕塑园中展出冷遹雕塑,通过圆雕人物与浮雕人物两种表现形式予以展示;艺术园主要展出冷遹的艺术作品,如字画、书法、诗词作品等,通过图文并茂的艺术墙和石刻的形式予以展现;将冷遹生平事迹通过艺术墙绘的手法,来向公众讲述冷遹真实的历史事迹,最终形成一个主题特色鲜明、空间布局和谐的名人主题公园。

(2) 名人旅游社区模式

名人旅游社区是将名人资源与社区资源融合,将社区活动内容与旅游项目相结合,以社区的角度来考虑旅游的规划和布局,从而最终实现旅游效益的最优化。

无锡礼社村自然环境优美,京杭大运河支流五牧运河由南向北贯穿。生态农业发展良好,建有现代化高科技农业生态园。礼社村名人资源丰富,礼社老街拥有孙冶方故居、薛暮桥故居等典型的江南水乡民居,多为明清至民国时期建筑。礼社拥有独特的民俗文化资源,如省级非遗玉祁龙舞和市级非遗马灯舞、凤舞以及礼社庙会,新建九龙宫是"礼社龙灯"民间艺术的展示厅。

以礼社老街为中心,依托京杭大运河观光带和现代农业科技园,结合名人纪念馆和古建筑群和礼社龙舞等民俗文化,开发生态农业观光、民俗文化体验等旅游项目,带动社区第三产业发展,形成多元业态发展的名人旅游社区。

(3) 名人文化创意产业园模式

名人文化创意产业园是文化创意产业集聚发展的园区,它是用动漫游戏、影视广播、现代传媒、视觉艺术、虚拟现实技术等技术手段,围绕名人影视剧制作、名人动漫设计、名人艺术作品创作等内容,实现名人产业化发展的一种模式。

依托名人纪念馆开设网上纪念馆,采用3D虚拟漫游模式,通过对图片、文字、音频、视频等进行有机合成,将名人的生平事迹通过网络进行远程传播展示,展现名人的光辉历程过程。依托纪念馆,采用VR、AR虚拟现实技术,运用音乐、动漫、游戏、视频等形式,打造VR体验区,再现名人所处历史年代场景,让游客身临其境领略到名人生活的真实场景。

大力发展名人文化创意产业,探索名人资源在时尚设计、传媒艺术等创意领域的应用,将本地非物质文化遗产融入名人元素,开发名人文化创意衍生品,制作与其相关的工艺品和纪念品等,打造具有较强影响力和带动力的名人文化创意产业园。

(4) 名人纪念日模式

名人纪念日模式指的是利用名人的诞辰、逝世日或其领导的重要历史事件等重要日期,开展一系列纪念名人的活动,以此缅怀名人的光辉事迹,弘扬名人的精神,加强公民教育的一种形式。

在名人诞辰或者逝世日举办名人文化为主题的文化节庆活动或大型纪念活动,举办名人研究学术论坛,开展弘扬名人精神思想的教育活动。以名人为主题开展读书、征文、演讲、知识竞赛等活动,通过一系列活动来向民众讲述名人故事,让民众了解名人的生平事迹。举办名人大型主题图片展,开展名人影视剧展播活动,放映关于名人的影视剧作品。依托名人重要纪念日活动,设计出与纪念日相关的具有纪念意义的文创产品。

四、苏南传统村落名人文化资源保护与开发的对策

(一) 加大物质资源保护力度,丰富文化载体

对一些名人故居、名人建筑物等物质载体采取重点保护与一般保护相结合的方式,对影响力大、价值高的名人故居实施重点保护,制定科学的保护措施,使得建筑物得到较好的维修,维修过程中要保证建筑的原真性,注重名人故居周边环境的整体性,保持名人故居原有文化氛围,杜绝出现影响名人故居整体景观的建筑物。对影响力较小,尚未成为文保单位的名人故居实施一般保护,可以引进外来资金对其进行保护性利用,在不破坏建筑整体性的前提允许改变其使用功能,用作文化创意和商贸用途,以名人故居为中心,开发一些名人文化旅游项目,从而实现保护与开发互利共赢。

建设名人文化景点,丰富名人文化物质载体。如选择在"商山四皓"隐居地苏州东村或衙甪里村重建四皓祠和建设四皓名人文化广场,在广场中建设四皓雕塑,运用名人墙展示四皓的生平事迹和传说故事,把四皓的作品或手迹镌刻在石碑上,举办四皓旅游文化节,开展四皓文化主题活动。通过丰富名人文化物质载体,让游客感受到名人文化内涵和领悟到名人精神思想。

(二) 深入挖掘名人精神内涵,形成独具特色的名人旅游产品

名人的精神内涵具有很大的影响力,深入挖掘名人精神内涵是彰显地方特色的重要内容。名人精神是其由影响效应而精炼出来的人文思想,是社会进步的重要推动力,也成为激励后人奋发向上的精神动力。

无锡礼社村诞生了新中国著名经济学家孙冶方和薛暮桥,他们不仅是老一辈马克思主义经济学家的杰出代表,也是经历过革命年代的共产党员。他们用非凡的智慧和不屈的意志在革命年代专注于经济理论研究,他们敬畏规律、守护真理的精神是中国经济学

界的学习楷模。

在开发利用名人资源时要深入挖掘孙冶方、薛暮桥的精神内涵,提炼精神要义,搜集整理他们的革命事迹、重大历史事件等,结合当地的其他资源,打造集观光旅游、爱国主义教育于一体的独具地方特色的红色名人旅游。

(三)树立名人品牌形象,扩大名人品牌影响力

实施品牌战略是名人文化资源开发的重点,树立名人特色品牌,不仅可以吸引游客,还可以促进名人旅游景区的形象,增加市场竞争力。在名人文化品牌营销上,运用影视营销、数字营销、体验营销等新型营销手段,加大宣传力度,将名人文化资源的品牌提升与旅游开发共同促进、共同发展。

名人自身的独特个性是不同于其他旅游产品的,提炼和整合名人文化内涵与地方特色文化,塑造具有地域特色的名人文化系列旅游产品。通过开发旅游项目,树立名人文化品牌,如苏州明月湾村可以通过西施来明月湾村赏月的传说故事,策划爱情之旅,树立明月湾爱情文化村的品牌。陆巷村的科举名人众多,通过挖掘状元文化内涵,融入状元文化和中华传统国学文化,打造独具江南特色的状元文化村品牌。

第八章　美丽乡村建设背景下苏南传统村落红色文化资源保护与开发

一、苏南传统村落红色文化资源概述

江苏是中国新民主主义革命主要发源地之一，中国共产党在苏南领导抗日军民创建、发展和巩固苏南抗日根据地，在苏南浴血奋战、英勇抵抗日本帝国主义侵略，在苏南的传统村落留下了大量珍贵的红色文化资源。

苏南传统村落红色文化资源展现的是共产党人前仆后继，英勇斗争，不畏牺牲，为新民主主义革命的胜利付出宝贵的生命的精神。刘少奇、陈毅、粟裕、邓子恢、叶飞、江渭清等老一辈无产阶级革命家在苏南战斗过，并在革命斗争中创造了辉煌战绩。他们留下的红色文化资源是独一无二的，这些红色文化资源是一笔不可再生的宝贵财富。这些红色文化资源随着时间的推移，一旦遭到自然侵蚀或者人为破坏，就会毁灭殆尽，无处可寻。

（一）苏南传统村落红色文化资源分类

从内容上来看，苏南传统村落红色文化资源有物质文化形态和非物质文化形态两个方面，不仅有重要历史事件和重要机构旧址、重要历史事件和重要人物活动纪念地、革命领导人故居、烈士墓、纪念设施等物质载体，还有在革命战争年代形成的红色精神、革命英雄事迹、红色文艺作品、红色标语等。从时间跨度上分析，包括了国内第一次革命战争时期、抗日战争时期、解放战争时期等历史时期重要的革命纪念地、纪念物及其所承载的革命精神。

1. 苏南传统村落物质形态红色文化资源

据不完全统计，苏南传统村落物质形态红色文化资源共有31处，按类别统计，重要历史事件和重要机构旧址12处，重要历史事件和重要人物活动纪念地2处，革命领导人故居4处，烈士墓1处，纪念设施9处，损毁遗址3处；按保护级别统计，国家级文保单位1处，省级文保单位4处，市级文保单位4处，县（区）级文保单位5处；按利用级别统计，国家级爱国主义教育基地1处，省级爱国主义教育基地4处，市级爱国主义教育基地5处，县（区）级爱国主义教育基地6处。

2. 苏南传统村落非物质形态红色文化资源

（1）红色革命精神

红色革命精神是革命志士仁人在革命过程中形成的一种不畏艰难险阻，不畏牺牲的大无畏的革命斗争精神,是实现中华民族伟大复兴的强大精神动力。陈毅、粟裕建立和巩固了苏南抗日根据地,领导抗日军民共同浴血奋斗,与敌进行了长期艰苦卓绝的斗争,形成了新四军精神。

(2) 革命英雄事迹

无数的革命先烈抛头颅、洒热血,战场上冲锋陷阵、英勇战斗,监狱中顽强斗争、坚贞不屈,刑场上大义凛然、视死如归。他们用生命和鲜血换来了中华民族的新生,为我们谱写了一曲曲可歌可泣的光辉事迹。

1939 年 11 月 7 日,丹阳独立支队和新四军老二团、新六团协同作战,在九里村与日军展开了一场激战,最后歼灭日军一百多人,取得了胜利,被称为"延陵大捷"。

(3) 红色文艺作品

红色文艺作品包括影视剧、小说、诗歌、戏剧、散文等,这些文艺作品表达的一般是革命志士抵御外敌,为了国家和民族的解放,实现中华民族复兴的英雄故事,反映的是革命者高尚的品质和大无畏的革命精神。

如反映江南抗日义勇军在苏州常熟阳澄湖乡村进行抗战的《阳澄湖地区抗日斗争史话》,反映陈毅在镇江茅山乡村带领新四军战斗的影片《陈毅在茅山》,反映新四军在常州溧阳水西村战斗的《水西英烈》。

(二) 苏南传统村落红色文化资源价值分析

1. 历史价值

红色文化资源是在一定历史时期产生的,带有大量的历史信息,它代表人民在革命时期反对外来侵略、追求自由平等的精神。漆桥村的游子山烈士陵园是为了纪念在反帝反封建的斗争中和在建设和保卫祖国的伟大壮举中牺牲的革命烈士,记载着他们光辉的历史。陈毅、粟裕等革命领导人在苏南坚持抗战,他们是为人民争取民族自由、人民解放的历史人物。

红色文化资源产生于革命战争年代,记录了无数的革命先驱不懈努力争取民族独立和人民解放的历史发展进程,从这些红色文化资源中我们可以获知这段真实的历史,成为永久流传的历史见证,对于研究中华民族抗争史和中共党史具有重要的历史价值。

2. 文化价值

红色文化资源承载着宝贵的红色文化,蕴含着厚重的文化内涵和中国共产党和苏南人民不屈不挠、不怕牺牲的抗争精神,这种红色精神成为激励人民前行奋进的强大动力。

红色文化是中华优秀文化和社会主义先进文化重要组成部分,传承和弘扬红色文化也就是践行社会主义核心价值观,建设社会主义先进文化。红色文化资源独有的文化价值具有先进的内涵,可以为发展社会主义先进文化提供良好的文化氛围,广泛和有效地传播红色文化,可以让广大人民群众树立抵御西方资本主义腐朽思想的侵蚀,始终坚定不移地坚持中国特色社会主义文化发展正确道路,推动社会主义先进文化建设。

3. 教育价值

苏南传统村落红色文化资源中有多个爱国主义教育基地,这些爱国主义教育基地都是优秀的教育资源,也是加强党员干部爱国主义教育和革命传统教育的有效阵地。利用这些红色文化资源作为党内政治文化教育基地,把红色文化资源优势转化为党内政治文化教育优势,再把教育优势转化为党的政治优势的理念。

苏南传统村落红色文化资源蕴含的革命精神和厚重的文化底蕴也是加强青少年爱国主义教育的重要源泉,深入挖掘革命领导人在重大历史事件中的重要作用,将革命先驱的革命历程通过各种方式充分展现,激发青年学生的爱国热情和报国之志,铭记革命历史,树立远大革命志向,为共产主义伟大事业奉献终身。

4. 经济价值

红色文化在革命时期发挥着重要的作用,在建设社会主义和改革开放的新时期中,也成为社会主义市场经济的巨大推动力。开发利用红色文化资源不仅可以带来良好的社会效应,还可以带来可观的经济效益。

红色文化资源为苏南传统村落开展红色旅游提供平台和素材,红色文化资源蕴含着巨大的经济价值,将其与传统村落共同融合开发,可以发挥其经济优势,提高传统村落的知名度,给村民带来丰厚的经济利益,从而更好地改善人民群众的生活水平。

二、苏南传统村落红色文化资源保护与开发现状

(一)苏南传统村落红色文化资源保护与开发的成绩

苏南传统村落的红色文化资源得到了较好的保护与利用,很多革命遗址被改造成纪念场馆面向公众开放,如苏州昆山市千灯镇歇马桥村的新四军淞沪抗日史迹陈列馆、周达明烈士纪念馆等。这些纪念场馆展示了一些珍贵的历史资料和革命文物,真实再现了革命先驱斗争的原貌,让公众接受到深刻的革命传统教育。

一些传统村落利用红色文化资源,着力打造红色旅游主题村。南京李巷村是抗战时期新四军的苏南抗日指挥中心,保留着许多红色遗址,如新四军十六旅旅部旧址、旅部医院、修械所、被服厂等旧址。李巷村正在打造红色文化旅游主题村,将美丽乡村与红色旅游融合发展,开展红色文化体验式培训,建设红色教育基地。

(二)苏南传统村落红色文化资源保护与开发存在的问题

1. 保护重视程度不够,缺乏长效保护机制

调研中发现,居民对已列入各级文物保护单位的红色文化资源能有所了解,而对围绕这些红色文化资源发生的历史事件、相关重要人物却所知甚少。由于宣传力度不够,加之有关部门对乡村红色文化资源的历史价值和现实作用的重要性认识不足,导致居民对于红色文化资源价值认识不足,对于红色文化资源的概念停留在原始阶段,对红色文

化资源的保护重视程度不够。

由于居民对红色文化资源认识不够,文物保护意识不强,在城镇化建设和新农村建设中,一些红色遗址被人为破坏、损毁。如溧水区白马镇李巷村的江渭清居住地遗址、钟国楚居住地遗址,高淳区桠溪镇西舍村的溧高县国华初级中学遗址均为损毁遗址。

2. 红色文化资源保护与开发形式单一

红色文化资源开发形式过于单一,没有借助于现代信息技术手段,很多地方展示的是同一主题和同一性质的红色文化资源,缺少自身特色,因此很难激发游客对革命精神的深刻理解和内心深处的感悟。

开发内容过于单一,主要以建设一些革命纪念场馆展示相关图片文献资料为主,未形成规模,大多数景点以参观为主,采用展览馆、纪念馆形式展出红色名人事迹、展现革命志士斗争历程,宣传红色精神,红色文化产品开发形式比较单一、陈旧,缺乏深入的开发,未借助于现代信息手段展示壮观的革命场景,所以无法吸引游客眼球。

3. 红色文化资源未能与乡村旅游实现真正融合

苏南传统村落有着丰富的自然资源和人文资源,如奇山峻岭、森林公园、水库河流、林场牧场、民俗风情、历史文化遗存等,一些红色文化资源分布在其中,和村落山水农田景观并存,但是没有去规划和梳理,红色景点分布杂乱无章,没有真正地将当地的自然生态景观和人文景观融合进去,缺乏与乡村旅游资源的有效结合和统一的管理规划,很多红色景区都是独立运作,未能和当地其他资源有机结合在一起,各个地区的资源优势未能充分发挥,因此影响到红色旅游景区集聚效应的发挥。

三、苏南传统村落红色文化资源保护与开发的模式

(一) 苏南传统村落红色文化资源保护与开发的原则

1. 保护优先原则

遵循保护优先的原则,首先要保持红色文化资源的历史真实性。红色文化资源蕴含着中国共产党和人民不屈不挠、不怕牺牲的抗争精神,这些革命历史事件、英雄事迹以及革命精神是不容许任意臆造的,更不能篡改历史史实。其次要保护红色文化资源所处环境的完整性。在开发利用红色文化资源的过程中,要注意保护其所处的自然与人文环境,保持其乡土性,加强对红色文化资源周边环境和文化氛围的保护。

2. 合理开发原则

科学合理规划红色文化资源,制定规划时把红色文化资源保护开发与地方旅游规划有机结合,根据红色文化资源的现状进行合理开发,避免过度开发给红色文化资源带来的毁灭性危害。一要注重把当地自然资源与历史文化资源、红色文化资源有机结合;二要注重与其他地区红色资源的整合开发,充分发挥地区间红色文化资源资源优势,联合开发乡村红色文化资源,形成多层次、多角度的乡村旅游资源产品组合。

3. 可持续发展原则

红色文化资源具有不可再生性，一旦遭到破坏就无法恢复，因此在对红色文化资源进行开发利用时，要遵循可持续发展的原则。乡村红色文化资源开发利用与生态环境保护是相辅相成的，开发利用过程中要尽力不要破坏红色文化资源所处的自然环境，重视红色文化资源开发的生态环境保护。保持红色文化资源生态环境的可持续发展，开发与可持续发展相符的绿色、生态、环保的红色旅游产品。

4. 彰显特色原则

苏南传统村落红色文化资源类型丰富，种类齐全，既具有国内红色文化资源的共性，又具有不同于其他地方红色文化资源的个性。苏南的大部分区域是新四军活动范围，新四军在苏南乡村留下了许多珍贵的遗址、遗迹和可歌可泣的战斗事迹。在对红色文化资源开发时要彰显自己的特色，形成苏南的新四军品牌，开发极具地方特色的新四军文化旅游。

（二）苏南传统村落红色文化资源保护与开发的模式

1. 国内外红色文化资源保护与开发模式

目前乡村红色文化资源保护与开发主要采用以下几种模式：井冈山"红＋绿"模式、延安"红＋古"模式、西柏坡"品牌＋创新"模式、沂蒙红色文化产业化模式。

（1）井冈山——"红＋绿"模式

"红＋绿"模式典型代表是革命摇篮井冈山，井冈山有黄洋界、五指峰、龙潭、主峰、水口、杜鹃山等自然资源，还有井冈山革命烈士陵园、茨坪革命旧址群、大井毛泽东同志旧居、井冈山革命博物馆、茅坪八角楼、会师纪念馆等多处革命遗址遗迹。

井冈山将当地的丰富的绿色自然资源与红色文化资源相结合，打造出具有鲜明特色的井冈山红色文化旅游品牌，推出一批精品红色旅游线路，井冈山的历史地位以及秀丽的自然资源共同构成了乡村红色文化旅游的成功典范。

（2）延安——"红＋古"模式

"红＋古"模式的典型代表是革命圣地延安，延安有宝塔山、清凉寺、轩辕黄帝陵、子长钟山石窟等历史文化遗址遗迹，还有大量的革命遗址、遗迹，如延安革命纪念馆、王家坪八路军总部旧址、杨家岭旧址、枣园旧址、洛川会议旧址、瓦窑堡会议旧址等。

延安利用红色资源与历史文化资源结合，目前已开发的有枣园旧址、杨家岭旧址及王家坪旧址等红色旅游景区，"延安精神、革命圣地"已经成为享誉国内外的红色文化旅游品牌。

（3）西柏坡——"品牌＋创新"模式

西柏坡位于河北省石家庄市平山县中部，拥有西柏坡纪念馆、中共中央旧址、西柏坡陈列展览馆、西柏坡国家安全教育馆、西柏坡廉政教育馆、西柏坡领袖风范雕塑园、西柏坡丰碑林、西柏坡中央部委旧址、西柏坡青少年文明园等等众多红色旅游资源。

西柏坡实施了红色文化品牌战略，以"西柏坡"为名注册了一系列商标，扩大了西柏坡红色文化品牌影响力。西柏坡在经营方式、宣传方式上实行了创新,树立了红色旅游的西柏坡品牌,通过不断创新又对红色品牌进行了巩固。

(4)沂蒙——红色文化产业化模式

沂蒙革命老区是中国革命战争时期重要的老革命根据地,抗日战争和解放战争时期,中国共产党先后在沂蒙老区建立了滨海、鲁中、鲁南革命根据地,涌现了无数可歌可泣的革命英雄儿女,如沂蒙六姐妹、沂蒙母亲、沂蒙红嫂等。

沂蒙实施红色文化产业化运作模式,先后成立了山东省红色文化产业开发研究基地、筑梦沂蒙红色文化产业研究院等研究机构。沂蒙红色影视基地是是以影视拍摄服务为主,在此拍摄了大量的红色影片。沂蒙开发了一系列的红色文化旅游产品,将红色旅游做成特色产业,在全国各地举办专场旅游推介会,打响了沂蒙红色旅游品牌。

2. 苏南传统村落红色文化资源保护与开发的模式

根据国内的红色文化资源保护与开发的成功经验,苏南传统村落红色文化资源的保护与开发模式可以采用生态农业观光园、红色文化体验园、红色文化主题公园、红色文化创意产业集聚区等模式。

(1)生态农业观光园

生态农业观光园是采用现代农业布局和农业生产,将自然农田风光、农业生产活动、农业高科技手段、生态环境保护、休闲娱乐等融为一体的综合性游览区。

南京江宁区大呈村拥有丰富的红色文化资源,1943年冬,横山地区正式成立横山县抗日民主政府,积极组织抗日斗争。村内现有省级文保单位——横山县抗日民主政府旧址,还有两座清代的古桥。大呈村生态农业发展良好,种植有西瓜和生态茶叶,横溪西瓜已经成为南京市的一张绿色名片。

结合大呈村当地生态农产品开发,整合自然资源、果蔬资源、红色文化资源,将红色文化资源融入生态农业,将其规划为生态农产品采摘区、民俗文化观光区、红色文化教育区、养生保健疗区等功能区,形成以绿色生态农业体验、农村田园景观观光、追寻英雄人物革命足迹为主题的生态农业观光园区。

(2)红色文化体验园

红色文化体验园是以红色文化资源为依托,让游客亲身体验景区项目,感受战争年代的真实氛围,让游客从体验项目中受到革命传统教育。

宜兴市太华村地处苏浙皖三省相交的群山之中,新四军十六旅旅部、苏皖区党委、苏南行署机关曾驻扎在此,红色资源极为丰富。依托这些红色文化资源建设红色文化体验园,根据红色文化资源的类型与特点来规划设计体验项目,如在一些战斗战役发生地开辟战争体验区,结合当地的地形特点,构建战争壕沟等屏障,配置各种武器、碉堡、手榴弹、地雷等道具,利用光电声模拟战争环境,让游客真实感受当年战斗的场景。

依托一些纪念场馆,采用VR(虚拟现实技术)、AR(增强现实技术),运用音乐、动漫、游戏、视频等形式,打造红色文化VR体验区,将革命历史人物、革命英雄事迹等通过网络进行远程传播展示,让游客身临其境地体验真实的革命战争场景。

（3）红色文化主题公园

红色文化主题公园是指使人回忆或传承革命历史事迹和精神,组织开展缅怀学习参观游览的主题性活动的公园。

高淳区桠溪镇西舍村是溧高地区抗日游击根据地的大本营和策源地,红色文化资源众多,拥有溧高县抗日民主政府、溧高县纺织厂、溧高县国华初级中学、溧高县抗日民主政府大会堂等多处保存完好的革命遗址遗迹。

结合西舍村当地的自然资源、文化资源等,将红色文化主题公园分为军事文化休闲公园、红色旅游文化博览园、地方民俗博览园等园区,以展示地方军事历史文化,体现地域文化特色,弘扬革命传统文化为目的,打造一个集红色文化、地域文化、民俗文化、军事文化于一体的具有区域特色的开放性红色文化主题公园。

（4）红色文化创意产业集聚区

红色文化创意产业集聚区是利用当地红色文化资源,开发红色影视剧作品、动漫游戏、红色演艺娱乐等文化创意产业的文化产业园区。

依托传统村落优美的自然环境、丰富的红色文化资源、厚重的历史文化底蕴以及优越的区位条件,以乡村红色文化资源与现代多媒体数字技术相结合为表现手法,围绕红色影视剧制作、红色动漫游戏、红色演艺娱乐节目等核心内容,打造红色文化创意产业集群。拓展红色文化创意产业发展空间,开发红色文化创意产业衍生品,如红色文化创意礼品、手工艺作品等。

四、苏南传统村落红色文化资源保护与开发的对策

（一）加大保护力度,建立健全完善乡村红色文化资源保护机制

制定出台红色文化资源保护与利用地方性法规,对红色文化资源保护与利用工作进行立法,对乡村红色文化资源保护的地位作用、管理权属、组织领导、工作机制、保护与利用标准等作出明确规定,把乡村红色文化资源的保护进一步纳入法制和科学化的管理轨道。

对未列入文保单位的乡村红色文化资源,建立乡村红色文化资源登录制度。建立登录乡村红色资源记录档案,安排专人或专门机构负责保护管理工作;加强乡村红色文化资源价值评估和鉴定,对不同级别、不同价值的乡村红色文化资源采用分级保护管理。运用现代技术手段,构建江苏省乡村红色文化资源数字化保护平台。建立乡村红色文化资源数字化数据库,实现乡村红色文化资源信息的网络化。

（二）扩大融资途径,加大资金投入,完善配套旅游基础设施

扩大融资途径,大力吸引和引进外资,鼓励个人或者公司通过多种方式对红色文化资源进行投资,尝试将一些红色遗址出售或租赁给个人或者公司,规定其保护的义务,给

予其在一定范围内的使用权利,实现乡村红色文化资源投资主体多元化,鼓励利用红色遗址发展文化创意、旅游产业,开办展览馆、博物馆,允许产权所有人以房屋入股,参与红色遗址的保护开发。

加大资金投入,完善配套旅游基础设施,不断改善红色旅游景区的硬件。一是改善红色景区的交通状况,加强与周边城市交通部门合作,在旅游旺季适时增加红色景点旅游营运车辆,方便游客进入红色景区参观。二是要完善红色景区的高端配套设施,比如可以在一些知名度较高的红色景点如溧阳市的江南新四军指挥部纪念馆旁边修建满足高端消费群体的星级酒店,提供一些具有红色文化特色的餐饮品牌服务。

(三)红色旅游与乡村旅游整合开发,打造乡村红色文化旅游集聚区

红色旅游与乡村旅游整合开发,打造精品乡村红色旅游线路。对一些自然风光秀丽、历史文化遗存丰富、红色文化资源分布广的地区进行整合开发,充分挖掘各种资源的文化特色,加快发展现代化生态农业和美丽乡村建设;打造乡村特色红色旅游线路,丰富旅游产品体系,以交通网络为基础骨架,重点旅游景点为节点,构建特色乡村红色旅游精品线路。

选择有条件的传统村落打造红色旅游集聚区,优化红色旅游资源的地域结构,加强与其他地区合作,将区域内的自然资源、民俗文化资源、历史文化资源与红色文化资源相结合,共同开发红色旅游产品、红色旅游线路,实现资源共享、市场共享,开发绿色生态红色旅游产品,打造一批知名度高的红色文化集聚区。

(四)实施红色旅游品牌战略,打造高品质红色旅游景区

根据红色资源与周边资源的契合度,加强区域内资源整合,采用多种资源整合方式,如红色资源与历史人文资源,红色资源与自然景观资源等,进行区域联动发展,扩大红色旅游影响力,增强红色旅游竞争力,形成区域红色文化品牌。

根据不同村落文化资源的特点,打造红色旅游景区。优化红色旅游资源的地域结构,将各自区域内的自然资源、民俗文化资源、历史文化资源与红色文化资源相结合,共同开发红色旅游产品、红色旅游线路,实现资源共享、市场共享,开发绿色生态红色旅游产品,打造一批知名度高的红色文化旅游景区。

重点打造一批高品质的红色旅游景区,完善红色旅游景区的基础设施和配套建设,引入外来资金共同投资开发建设红色旅游景区,重点开发红色体验项目,打造高端旅游品牌。加强红色旅游景区的服务质量管理机制建设,引入绩效考核方式,构建红色旅游景区服务质量综合评价体系,提高红色旅游景区整体服务质量。

第九章 美丽乡村建设背景下苏南传统村落民俗文化资源保护与开发

一、苏南传统村落民俗文化资源概述

苏南传统村落民间传统技艺异彩纷呈,享誉中外。如碧螺春茶制作技艺源于苏州太湖的洞庭东山、西山,碧螺春茶的采制流程全部由手工完成,经传统采制方法制成的洞庭山碧螺春以"形美、色艳、香浓、味醇"四绝闻名中外。

苏南传统村落民间戏曲艺术独具特色,无锡市锡山区羊尖镇严家桥村是锡剧的发源地,锡剧旧称"滩簧",是江苏省主要戏曲剧种之一,锡剧曲调优雅抒情,生活气息浓厚,别具江南水乡风韵。

(一)苏南传统村落民俗文化资源分类

结合苏南传统村落非物质文化遗产现状,按照其属性和存在的形式将苏南传统村落民俗文化资源分为7类:曲艺民俗、民间舞蹈、体育民俗、技艺民俗、民间文学、庙会民俗、美术民俗。(表9-1)

表9-1 苏南传统村落民俗文化资源分类一览表

类别		代表性资源
苏南传统村落民俗文化资源	曲艺民俗	昆曲、锡剧、杨柳村十番锣鼓、湖熟民歌、高淳民歌、洞庭西山陈巷十番锣鼓、消夏渔歌、常州小热昏、常州宣卷、常州唱春、泓口丝弦、东浦丝弦、茅山道教音乐
	民间舞蹈	直溪巨村舞龙、杨柳湖高跷、万安脸子会、荡湖船、采茶灯、东坝大马灯、西山夹竹龙、千灯跳板茶、玉祁龙舞、马灯舞、凤舞、调三十六行、调犟牛、跳马灯、傩舞(跳幡神)
	体育民俗	捐轮车、台阁、延陵抬阁
	技艺民俗	苏绣、碧螺春茶制作技艺、湖熟纸扎技艺、西山根艺、光福核雕、玉祁双套酒酿造技艺、礼社大饼制作技艺、玉祁水芹菜栽培技艺、圆作(木器)制作技艺、苏东坡"红友酒"酿制技艺、焦店扣肉制作技术、竹器制作技艺、东乡羊肉制作技艺、延陵鸭饺
	民间文学	《华山畿》和华山畿传说、白茆山歌、杨柳村的由来、马场山传说、脱尾龙传说、平丞相造漆桥
	庙会民俗	金村庙会、蒲塘庙会、华山庙会、延陵季子庙会、礼社庙会、杨桥庙会、沙涨村庙会、柳茹村庙会、葛村庙会
	美术民俗	葛村剪纸、面塑、刺绣、华山太平泥叫叫、杨桥捻纸

(二)苏南传统村落民俗文化资源价值分析

1. 文化价值

苏南传统村落民俗文化资源是在长期的历史发展中形成的,由不同的文化交融在一起,形成的具有鲜明地方特征的地域文化。民俗文化资源不仅是地域文化的一部分,也是中国传统文化的重要组成部分,是传承中华文化的内容和载体。如直溪巨村舞龙作为富有传统民俗文化特色的传统舞蹈,主要是在传统节日、重要时令、祭祀活动期间以舞龙形式进行表演,一般是配上特定的仪式,来祈求一方平安、风调雨顺。这种表演形式传承着中华民族几千年的龙文化,通过舞动民间传说的图腾龙来寄托人们对美好生活的向往,带有浓郁的地域文化特征,是在长期历史发展中形成的文化符号。

2. 艺术价值

苏南传统村落民俗文化资源中曲艺民俗如昆曲、锡剧、常州小热昏等,是一种出自灵感的艺术创造,通过这些表演艺术,可以获知人的生活方式和艺术特点,一些民俗文化资源也是文艺创作的源泉,可以为影视剧等现代表演艺术提供素材。手工技艺类民俗文化资源如光福核雕、西山根艺等,集聚着劳动人民的聪明智慧,他们以其独特的手法,运用精选的材料完成精美的艺术造型,体现了手工艺品精湛绝伦的手工技艺,展现了艺术家的高超艺术造诣。

庙会民俗文化资源如金村庙会、蒲塘庙会等,他们是中国传统文化的重要组成部分,体现的是一个地区的经济、社会、文化特征,他们在传播的过程中也将蕴含的文化内涵与民俗艺术予以充分的展现。

3. 旅游价值

随着旅游业的快速发展,传统村落的特色民俗文化成为吸引游客的亮点,越来越多的传统村落依靠风光秀丽的自然景观和独具地域特色的民俗文化资源开发民俗文化旅游,通过开发独具地域文化特色的旅游产品,展现民俗文化魅力,盘活民俗文化资源,从而带动当地旅游业的发展。

民俗文化旅游是当前的热点旅游方式,开发民俗文化旅游资源的同时,也将传统村落中特色民俗文化传播出去,让外界更好地了解传统村落的地域文化,在推动旅游经济的同时也为更好地保护与传承民俗文化提供了有力的保障。民俗文化资源延续了传统村落的文化脉络,传承了地方民风民俗,体现了鲜明的地域文化特色,在旅游开发中不仅得以传承传统文化,还作为重要的旅游资源展现其巨大的经济价值。

4. 教育价值

民俗文化是一种与人生活最贴近、感情最亲近、行为最切近的应付生活的合宜的模式,蕴含深厚的思想道德资源和独特的教育方式。[①]

苏南传统村落中的苏绣、西山根艺、光福核雕、竹器制作技艺等属于民间手工艺品,

---

① 曹红玲,戴锐.民俗文化的精神结构及其思想道德教育价值[J].贵州民族研究,2017(6):44-47.

这些手工艺品具有极大的美学价值,是加强人们艺术教育的重要资源,利用这些民俗文化资源开展普及民间手工技艺知识和加强人们实践能力的教育活动,开设雕刻、刺绣之类的传统手工技艺传承的课程,以此提高人们的动手实践能力和创造能力。

民俗文化资源还是加强人们思想政治教育的重要来源,如流传在常熟李市村的白茆山歌是体现江南农耕文化的吴地民歌,其中包含的劳动歌是赞扬辛勤劳动的农民,对热爱劳动的传统美德进行了歌颂,传达出劳动人们积极向上的精神面貌。这正与当下国家大力提倡的尊重劳动模范和弘扬劳模精神的宣传主题相符,可以通过它来让人们树立正确的劳动观,弘扬社会主义劳动精神。

二、苏南传统村落民俗文化资源保护与开发现状

(一) 苏南传统村落民俗文化资源保护与开发的成绩

近年来,随着国家对非物质文化遗产保护工作的重视,苏南传统村落的民俗文化资源也得到了一定程度的保护,一批民俗文化资源被列入各级非物质文化遗产保护名录,据不完全统计,苏南传统村落中有世界级非遗 1 项,国家级非遗 10 项,省级非遗 19 项。通过建立非物质文化遗产保护示范基地,一大批非物质文化项目代表性继承人得到了扶持和培养,如苏州洞庭山碧螺春制茶技艺保护示范基地,传承人在基地展示制茶技艺,收授徒弟,延续了传统手工技艺,实现非遗的活态保护。各市还相继出台了非物质文化遗产保护条例(办法),通过立法来保护非遗项目以及传承人,非遗保护管理法制体系日趋完善。

(二) 苏南传统村落民俗文化资源保护与开发存在的问题

1. 保护工作不平衡,保护与开发关系处理不当

现在大多数传统村落对非物质文化遗产都进行了保护,从资金支持和传承人培养等方面都有比较完善的制度。但是一些未被列入非遗项目的民俗文化资源保护力度较小,缺少必要的保护措施,这些民俗文化资源处于自生自灭的境地。

一些传统村落在开发民俗文化资源时,引入了市场化运作模式,这样一来就产生了不同的利益主体,容易出现为了追求片面经济利益而忽视民俗文化的保护,使得民俗文化资源有效保护与合理开发的工作受到严重影响。

苏州光福镇舟山村是中国核雕第一村,光福核雕技艺得到较好的传承和利用。但是由于近年来引入商业化开发模式,外地商人大量涌入,开设了大量的核雕商店,原有的传承人工作室逐渐减少,发展成了一个核雕商品集散地,失去了原有的核雕文化特色。

一些传统村落引入了旅游开发公司进行运作,由旅游公司来开发一些民俗旅游项目,商业化的运作模式对于民俗文化资源会带来一定的负面影响,旅游公司一般注重民俗文化的娱乐性和大众性,很少会考虑从文化传承的角度保护民俗文化。

2. 民俗文化旅游缺乏文化内涵，挖掘深度不够

一些传统村落在进行民俗旅游开发时缺乏深度和广度，没有充分挖掘独特的民俗文化内涵，没有将本地的历史文化、人文景观等融合进去。

一些传统村落开展民俗旅游活动不懂得民俗文化的传承规律，对特有的文化内涵不能完全了解，只是举行一些民俗表演，甚至为了吸引游客眼球甚至会加进一些现代通俗元素，这样一来民俗文化就变成了一种通俗文化，失去了它原有的文化韵味，与文化价值相脱节，导致民俗文化旅游陷入低俗化的困境。

对一些曲艺民俗的旅游开发，只是在人工制造的环境中表演，简单从外形和动作上来模仿，没有真正花费精力去揣摩表演角色所处时代背景，未将深层次的文化内涵真正融入进去。

苏南传统村落民俗文化经历了历史积淀，显现出厚重的文化内涵，形成了独特的民俗文化，只有将当地的地域文化与民俗旅游活动有机融合，发挥民俗文化资源特色价值，才能让游客才真正意义上了解民俗文化价值内涵。

3. 民俗旅游产品特色不突出，未形成产业化发展模式

目前大多数传统村落的民俗文化旅游产品基本上都是以参观民俗文化馆、观看民俗文化表演为主，没有形成自己的特色。各个村落的民俗文化旅游都只停留在浅层次开发上，没有充分利用民俗文化资源进行创新，打造独具特色的民俗旅游产品。

庙会是中国民间宗教及岁时风俗，很多苏南传统村落都有这个民俗文化，一般都是围绕寺庙进行的集市贸易，基本都是以出售民间工艺品和民俗表演为主，出售的商品趋于雷同，都是些泥塑、剪纸、年画之类的传统工艺品，没有充分挖掘民俗文化进行差异化开发，缺少地域文化特色。

除了一些国家级非遗项目如苏绣、碧螺春茶制作技艺、光福核雕等已经形成了产业化开发模式，拥有自己独特的品牌，实现了规模化发展外，大多数民俗文化资源产业化程度比较低，有的虽然进行了产业化开发，但是生产规模较小，限制了民俗产业的发展。

三、苏南传统村落民俗文化资源保护与开发的模式

（一）苏南传统村落民俗文化资源保护与开发的原则

1. 原真性原则

民俗文化旅游资源的开发离不开旅游的商业化，开发者为了经济利益，往往会出现牺牲民俗文化原真性来谋取利益最大化的行为，如虚构一些民俗故事或造一些民俗景观，从而破坏了民俗文化资源的延续性，也严重影响了人们对真实民俗文化价值的正确认识。

民俗文化的原真性在于保持原有的文化不失真，还原文化本来的真实面目。民俗文化旅游的发展必须要有一定的民俗文化资源作支撑，当地的文化生态环境孕育出丰富多

彩的民俗文化资源,保持民俗文化资源原真性,可以保证其文化的延续性和完整性。

2. 文化性原则

民俗文化是一种地方文化的代表,体现着当地历史文化,是地域文化的集中表现,也是中华传统文化的重要组成部分。

不同地区的民俗文化资源反映着本地区的文化特色,苏州太湖流域的民俗文化资源是吴文化的集中表现,它具有吴文化的特征。生活在太湖流域的村民继承了吴文化的精神内涵,创造出大量的民俗文化,这些民俗文化一定程度上丰富了太湖流域文化的内涵。东山三月会、东山婚俗、东山猛将会这些民俗文化资源都具有浓郁太湖东山地方特色,是人们在长期劳动中形成的民俗活动,经过数百年的吴地文化积淀,形成了独具地方特色的民俗文化。

3. 传承性原则

传承性原则指的是对民俗文化资源的继承和发扬,民俗文化资源是劳动人民在长期历史发展中形成的,是劳动人民智慧的结晶,是中华传统文化的重要组成部分,需要我们去保护和传承,使之发扬光大。

民俗文化的保护与发展,需要我们深入挖掘民俗文化的内涵,寻求民俗文化传承保护的路径。传承的方式要不断创新,不仅要注重静态的保护与传承,还要注重动态和活态的传承利用。发挥学校在民俗文化中的传承作用,与学生的思想教育相融合,开展形式多样的传承活动,让学生在受教育的同时传承民俗文化,从而推动民俗文化资源的保护与传承。

(二) 苏南传统村落民俗文化资源保护与开发的模式

1. 国内外民俗文化资源保护与开发模式

(1) 文化生态保护区

2007 年 6 月 9 日,文化部设立了"闽南文化生态保护实验区",这是中国设立的第一个基于非物质文化遗产区域性整体保护的文化生态保护实验区。[①]

2018 年制定的《国家级文化生态保护区管理办法》对国家级文化生态保护区进行定义:是指以保护非物质文化遗产为核心,对历史文化积淀丰厚、存续状态良好,具有重要价值和鲜明特色的文化形态进行整体性保护,并经文化和旅游部同意设立的特定区域。

国家级文化生态保护实验区具有一定的建设周期,建设期满经专家验收合格后命名为国家级文化生态保护区。目前全国已经设立了 21 个国家级文化生态保护实验区,各省(区、市)也设立了一批特色鲜明的省级文化生态保护实验区,各地的非物质文化遗产得到了有效的保护。

(2) 民俗博物馆

民俗博物馆是以展示民俗实物、文献资料等为主要内容的主题博物馆,我国第一个

---

① 陈华文,陈淑君.中国文化生态保护区的实践探索研究[J].浙江师范大学学报(社会科学版),2016(2):1-18.

民俗博物馆是1986年建成开放的苏州民俗博物馆。位于狮子林东侧古宅内的苏州民俗博物馆是一座以展览苏州民间传统风俗的专业博物馆,现有婚俗、生俗、节俗、寿俗及吴歌风俗等五个展厅,馆内展出苏州地方民俗文化,如邓尉探梅、八月半、闹元宵等,通过介绍苏州民俗知识,增进人们对苏州民俗文化的了解。

随后全国各地相继建立了一些民俗博物馆,如北京民俗博物馆、天津民俗博物馆、南京民俗博物馆、洛阳民俗博物馆等,这些博物馆都是以文保建筑为依托,北京民俗博物馆设在北京东岳庙内,天津民俗博物馆用天后宫正殿为主的古建筑群体为馆舍,南京民俗博物馆位于甘熙故居内,洛阳民俗博物馆是在潞泽会馆古建筑群的基础上建成。

民俗博物馆将一些地区的民俗文化资源整合在一起予以保护和传承,有利于人们充分了解本地区的民俗文化,实现其教育价值。

（3）民俗文化村

民俗文化村是利用当地的自然景观、人文景观等资源,以民俗文化为特色,集旅游观光、休闲度假、娱乐养生、民俗表演等于一体的民俗文化旅游区。

为了保护传统村落的民俗文化,1973年,韩国国家民俗文化村建成开放,目前已经成为世界级民俗文化村博物馆。1991年10月1日,中国民俗文化村在深圳建成开放,是中国第一个集各民族艺术、民俗风情和民居建筑于一园的大型文化旅游景区。景区内含27个民族的27个村寨,举行民俗表演、民间技艺展示、民间节庆等活动,展示多民族的民俗文化。

随后,各地相继出现了一大批民俗文化村,如陕西马嵬驿民俗文化村、浙江象山民俗文化村、福建土楼客家民俗文化村等,它们主打地方特色民俗文化,取得了较大的经济效益。

（4）民俗风情园

民俗风情园是主题公园的一种形式,是以民俗文化为主题,提供餐饮服务、休闲购物等功能的旅游场所。目前国内很多地方依托当地的公园,打造民俗文化风情园。

延吉中国朝鲜族民俗风情园位于延吉市南部,紧邻风景优美的国家AAAA级景区帽儿山森林公园。风情园根据民俗特色分为入口广场、传统民宅展示区、传统工艺生产展览区、传统文化教育区、农耕生活体验区、农家生活体验区、传统民俗体验区等七大民俗体验区。①

广西漓江民俗风情园位于漓江之滨,将广西少数民族苗、瑶、侗、壮的民俗文化整合在一起,游客通过参观少数民族建筑、观看少数民族歌舞和品尝少数民族特有的美食文化等形式感受到少数民族民俗文化的魅力。山西大同龙真民俗风情园是以晋北民俗活动为主体,具有当地民俗风情的旅游景区。

2. 苏南传统村落民俗文化资源保护与开发的模式

根据国内外民俗文化资源开发利用的成功经验,苏南传统村落民俗文化资源保护与

---

① 中国朝鲜族民俗园·民俗村将于8月2日恢复开园[EB/OL]. http://www.yanjinews.com/html/news/yanjinews/2014/0730/49256.html,2014-07-30.

开发可以采用生态农业民俗园、民俗文化旅游区、民俗文化旅游节等模式。

(1) 生态农业民俗园

生态农业民俗园是指把生态农业生产经营活动作为特色,利用农业生态自然环境,以民俗文化为依托,集林果采摘、休闲度假、民俗文化、观光旅游于一体的生态农业园。

张家港市塘桥镇金村自然风光优美,建有绿色农产品生产基地和有机果蔬产业园,"金村"牌大米获得"无公害绿色产品"证书。金村民俗文化资源丰富,拥有国家级非物质文化遗产——金村庙会,金村庙会起源于宋代,是为了纪念明代抗倭英雄金七而举行的民俗活动。

结合金村的自然风光和民俗文化资源,打造生态农业民俗园,园内开辟花卉观赏园、林果采摘园、苗圃观光园、旅游文化服务村、绿色养殖园、养生植物园等分区,将其打造成为集生态农业观光旅游、民俗文化体验、绿色主题旅游、休闲度假旅游为一体的多功能生态农业民俗园。

(2) 民俗文化旅游区

民俗文化旅游区是利用自然景观资源、历史文化资源、民俗文化资源等设立的以展示地方文化特色为目的的旅游区,一般是把民间节庆、民间手工技艺、民间音乐歌舞、民俗活动等加以展现。

歇马桥村位于千灯镇石浦南郊,千灯镇是百戏之祖——昆曲发源地,昆曲是汉族传统戏曲中最古老的剧种之一,也是中国汉族传统文化艺术,2001年被联合国教科文组织列为"人类口述和非物质遗产代表作"。

歇马桥村自然风光优美,保存着约 5 000 平方米的明清建筑以及抗金英雄韩世忠部下修筑的歇马桥,以及明清时期的孝子牌坊,百年桂花树、百年黄杨。结合这些资源,打造昆曲民俗文化旅游区,建设昆曲文化街和主题公园,让游客体验到昆曲文化的独特魅力。

(3) 民俗文化旅游节

民俗文化旅游节是利用传统节日时令举行文化活动,展示区域内的民俗文化和风土人情的民俗旅游开放模式。这种模式可以让游客参与其中,亲身体验到民俗文化的趣味性和娱乐性,获得旅游的快乐感。

对一些自然资源丰富,生态景观优美,民俗文化绚丽的传统村落可以采用生态文化旅游节模式,如镇江市华山村自然风光秀丽,村中有 1 500 余年的古银杏树,民俗文化资源独特,省级非遗《华山畿》和华山畿传说与华山庙会,市级非遗华山太平泥叫叫。《华山畿》及《华山畿》的传说,是民间故事"梁祝"的原型。

在策划华山村民俗文化旅游节时要突出地方文化特色的个性,要以爱情文化为主题,把握爱情文化的精神内涵,将华山畿爱情文化园与当地的生态景观资源融合在一起,举行一系列爱情文化主题的活动,吸引更多的游客参与节庆活动。

四、苏南传统村落民俗文化资源保护与开发的对策

(一)加大民俗文化资源保护力度,处理好保护与开发的关系

利用现代技术手段,对民俗文化资源进行数字化保护,建立民俗文化资源数据库,把一些曲艺民俗通过音像和影像资料进行保存,对一些散落在乡村的民俗文化资源进行全面整理和发掘,建立民俗文化资源保护名录,明确保护单位,定期进行检查,形成完善的民俗文化资源保护体系。

在开发民俗文化旅游时,要科学规划,合理开发,保护好民俗文化的原生地。开发前要对民俗文化资源进行评估,对民俗文化资源的现状和未来进行评价,制定保护预警机制,防止民俗文化资源遭到破坏。

注重对民俗文化传承人的保护,提高他们的待遇和社会地位。培养未来的民俗文化传承人,一方面通过专业院校进行培养,将民俗文化资源与学校专业结合在一起,培养民俗文化的专门人才;另一方面推进民俗文化进校园活动,让学生亲身体验民俗文化的魅力,参与到民俗文化的传承与保护中。

(二)深入挖掘民俗文化资源内涵,提升文化品位

深入挖掘民俗文化资源的深层次内涵,对民俗文化资源进行深入的研究,了解民俗文化资源蕴含的文化要素。

苏南传统村落民俗文化资源在一定程度体现了吴文化和金陵文化的地域特征,利用独特的民俗文化资源优势,深入挖掘民俗旅游产品的文化内涵,开发个性化、系列化、多样化的民俗文化旅游产品。民俗文化旅游产品开发中要注重提升文化品位,不搞庸俗的民俗活动,以生态环境和文化区域为场所,开展生态环境保护和民俗文化体验相结合的民俗文化活动,深层次开发民俗文化旅游产品。

镇江华山村的省级非遗——《华山畿》是南朝乐府民歌中颂扬男女至爱深情的千古绝唱,体现了男女之间深厚的情谊,目前一般都是采用山歌演唱和歌舞表演的方式进行传播。在当下多媒体技术高度发达的时代,将其以影视剧形式展现可以给人们强烈的视觉冲击,人们通过影视剧的情节,体验到故事人物的情感,感受到故事发生地的自然风光和民俗文化魅力。

(三)加大民俗文化资源创新性开发力度,实现民俗文化的产业化开发

加大民俗文化资源创新性开发力度,运用创新思维,突出地方特色,围绕民俗文化主题进行创新性开发,使其形成独特的民俗旅游产品,形成别具一格的民俗文化品牌。

民俗文化产业化开发不仅可以实现较好的经济收益,还可以更好地保护和传承民俗文化资源。将民俗文化资源与产业相结合,按照市场化的运作模式,进行规模化生产,从

而获取资源开发的经济收益最大化。将一些开发前景广阔,回报率高的民俗文化产业项目对外招商引资,运用市场化操作模式,引入大型旅游开发公司前来投资。

民俗文化的产业化开发要求不断深入挖掘民俗文化内涵,加大民俗文化资源创新性开发力度,以文化创意为核心,将民俗文化资源进行生产、包装、设计和销售,实现民俗文化资源的经济价值。依靠现代科技发展文化创意产业,提高文化产品的附加值,将传统村落的饮食技艺民俗产品进行设计包装,融入现代元素,形成系列旅游食品,打造知名饮食文化品牌。

第十章 美丽乡村建设背景下苏南传统村落商贸文化资源保护与开发

一、苏南传统村落商贸文化资源概述

明清以来,苏南占大运河水上交通优势,逐渐成为江南漕运中心和商品粮集散地。苏南传统村落地处江南水乡,很多村落是依山傍水而建,凭借着优越的交通地理位置,成为货物集散中心,形成了商铺、码头、街巷、会馆、驿站以及跟发展商业贸易有关的一些文化、民俗节庆等。这些村落商贸遗存丰富,商贸文化底蕴深厚,从其商贸遗存依稀可以看出村落往日的繁华景象。

(一) 苏南传统村落商贸文化资源价值分类

根据苏南传统村落商贸文化资源现状,将其分为物质形态的商贸遗存和非物质形态的商贸文化两类。商贸遗存指的是商业贸易活动中形成的街巷、商道、驿站、商埠、码头、商铺等;商贸文化指的是商帮、商业字号、商业思想、商业精神、商业道德、商业法规、商贸习俗等。

苏南传统村落的商贸遗存中的街巷主要有漆桥老街、杨桥老街、严家桥老街、焦溪老街、李市老街、陆巷村紫石街、杨湾老街、华山老街等,各个村落的老街呈不规则形状,独具特色,如华山村龙脊街由于街面铺装形似巨龙脊背而得名,儒里村南北一横、东西一竖的两条老街形成"丁"字格局;商道有植里古道等,驿站有漆桥古驿站等,商埠码头有无锡严家桥村的唐家码头、潘家商楼码头,常州焦溪村的横坡码头、弄堂直码头、私家码头等,商铺有苏州金庭镇涵村明朝古店铺、漆桥的谦泰染坊、"福昌"五洋商店、永昌杂货铺等。

商贸文化中的商帮有苏州西山和东山的洞庭商帮,商业字号有南京漆桥村的孔信昌、孔廉记、夏记、永昌、鸿泰等,商业精神有苏州洞庭商帮在长期经商过程中形成的经营理念和职业精神。商贸习俗主要指的是集市贸易习俗,如庙会贸易、草市习俗、夜市习俗、贸易趣俗等。

(二) 苏南传统村落商贸文化资源价值分析

1. 历史价值

苏南传统村落的商贸文化资源是在历史长河中形成和发展的,它们既是中国商贸文明的历史遗存,也是中华传统文化的组成部分。这些商贸文化资源见证着村落的发展历史,记录着村落特定的历史信息,这些信息对于人们了解苏南商贸文化发展具有重要的价值。

无锡严家桥村唐氏家族创办的产业遗存,如唐氏仓厅、唐家码头旧址、春源布庄旧址,这些都体现了民族资本家唐氏家族奋斗的发展历史,是中国近现代民族工商业的产物,它们见证着唐氏家族的发展历史,也见证了中国民族工商业家的成长历程。

在长期的商贸活动中一些老街形成了许多独具特色、声名远扬的商号,这些商号大多历经百年以上,有历史代表人物和商品。一些老字号在经历了战火硝烟和时代变迁,依然能留存至今,为研究中国商业发展史提供了活生生的企业载体。

2. 文化价值

商帮、商号、商业思想、商业精神、商业道德、商业法规、商贸习俗等非物质形态的商贸文化资源是人们在长期的商贸活动中所形成,是不同地域的文化通过商贸活动而交汇融合,最终形成的一种商贸文化。

商帮文化是商帮在长期的经营实践中形成的,它是地区文化和商业文化的综合。[①]洞庭商帮文化是一种融合了中华传统文化和商业经营理念的文化,它兼具商业文化和地域文化的双重特征。

植根于厚实吴文化土壤的洞庭商人,有着中华民族诚信重诺的优良品质,这些都是来自于儒家文化的道德学说,儒家文化以立德立信的品德修行为做人根本,这种将诚信作为经商信条的文化传统在他们身上得到了深刻的体现。

商号有着丰富的文化底蕴和人文内涵,它们都是中华民族传统文化的象征。漆桥村的孔信昌、孔廉记等商号是江南孔氏创办的商号,它们的经营历程蕴含着丰富的地域文化内涵,存在于人们的情感记忆中,具有浓郁的地方文化特色,是一个地区文化的坐标。

3. 经济价值

商贸文化资源是一种可以进行开发利用的资源,它的保护与经济发展结合起来,在保护其真实性和整体性的基础上进行开发,是发挥其经济价值的重要手段。传统村落老街在当时都是繁华的商贸集市,大量的商品贸易在此进行,能够在满足人们对街区商贸文化需求的同时展示自身的经济价值。

虽然现在老街失去了往日的繁华,但是仍然具有较大的商业开发潜力,可以对一些传统商业建筑进行修缮和开发,维持老街原有的历史风貌,将一些商业店铺按照原有的经营模式进行改造,可以再现老街往日的繁华景象,让人们在充满历史文化内涵的老街感受到商贸文化的魅力。苏州陆巷村紫石街进行了商业开发,大量的商铺经营地方的特产如茶叶、丝绸等,取得了一定的经济收益,展示了商贸文化资源巨大的经济价值。

4. 教育价值

商贸文化资源一定程度上反映着经营者的精神面貌,一个善于经营商业的人往往需

[①] 邓俏丽,章喜为. 中国商帮文化特征综述[J]. 中国集体经济,2009(30):140-142.

要能够吃苦耐劳,具有一种不畏艰险,敢于创新的优良品质。洞庭商人取得的成功就与他们的勤奋努力密不可分,他们根据当地实际情况,因地制宜地采取独特的方式贩卖苏州茶叶、丝绸布匹,因此取得了商业上的成功。

商人在谋求利益最大化的同时还要有济世救人的高尚品德,唐氏家族就秉承着商人的优良品质,热心于当地的慈善和公益事业。在贯穿严家桥市镇不到0.5千米的永兴河上,建有四座桥,其中"万善桥""梓良桥""永兴桥"等三座桥是唐家参与捐资建造。唐家曾有一约定"凡严家桥镇上的公益事业,不论大小,唐姓负担一半"。[①]

这些商人身上具备的优良品质在今天仍然值得我们学习,可以教育人们以诚信为本,勤劳俭朴,具有自强不息、奋斗不已的意志力,对于加强人们社会主义核心价值观教育具有重要意义。

二、苏南传统村落商贸文化资源保护与开发现状

(一)苏南传统村落商贸文化资源保护与开发的成绩

近年来,各地对商贸文化资源保护与开发都开展了一系列的工作。各个传统村落在保护规划上都对商贸文化进行深入挖掘,将商贸街区列入保护与开发的重要内容。

一些传统村落的老街已经进行了旅游开发,如南京漆桥村的漆桥老街对一些传统建筑进行了修缮,恢复了原有的商铺,原有的老字号如糖坊、酒坊、豆腐坊等重新进行营业,许多传统的手工技艺和民俗文化在这里得到了传承和展示。

一些传统村落的商贸文化遗存也得到了较好的保护,如无锡严家桥对唐氏家族的商业旧址进行了保护,同济典当行、春源布庄、唐氏花厅被列入市级文保单位,修建了唐氏百米长廊,在原唐氏宅院前宅遗址上建设唐氏工商业陈列馆,展馆占地约400平方米,共分6个展厅,陈列着300多件相关图片实物和珍贵资料。

为了完整呈现洞庭商帮的历史和文化,陆巷村将村内最古老的明代建筑——遂高堂,打造成洞庭商帮博物馆。馆内用图片和文字介绍了洞庭商帮,用塑像再现了买卖碧螺春茶叶的场景,用蜡像将洞庭商人形象予以生动呈现。

(二)苏南传统村落商贸文化资源保护与开发存在的问题

1. 保护与开发工作不均衡,文化意境遭到破坏

苏南传统村落商贸文化资源的保护目前已经得到了一定程度的重视,一些中国历史文化名村和中国传统村落在保护性规划中提出要对商业遗存进行开发利用。

一些传统村落的商贸文化资源并未得到较好的保护和开发,由于城镇化工作的推进,一些传统村落的街巷和商业建筑面临着拆迁的局面。有的传统村落的街巷格局已经

---

① 名扬海内外——唐氏家族[EB/OL]. http://ql.wuxi.gov.cn/doc/2017/04/14/1304937.shtml,2017-04-14.

被破坏,街巷两边的商铺大多已经停业,老街原有的格局和风貌环境遭到严重毁坏。

老街的价值不仅体现在建筑上,还体现在居民长期生活中形成的传统文化上,受到外来文化的影响,一些老街居民的传统生活方式、习俗以及价值观受到了一定的影响。传统的地方文化逐渐被现代文化取代,一些老街的民俗风情逐步被抛弃,传统的手工艺也由于缺乏继承人而面临失传。[1]

2. 非物质形态商贸文化资源保护与开发不足

苏南传统村落对于商业街区等物质形态的文化资源保护与开发比较重视,但是对于商业字号、商贸习俗、商业精神等非物质形态的文化资源重视程度不够。

很多传统村落的商业老字号由于种种原因消亡了,这些商业老字号具有深厚的历史底蕴和丰富的文化内涵,象征着一个地区的商业文化品牌。一些传统村落在开发商业老街时没有对这些老字号进行充分的保护,忽视了老字号的价值,缺乏老字号的保护意识,导致本地老字号被侵占或者假冒。

无锡严家桥村唐氏家族秉承爱国、敬业、诚信、友善的商道,既是经商的商道,也是基本的人道。但对于商人精神的挖掘尚显不足,缺乏对商人精神的研究,未能真正展示商人的精神风貌。

3. 商贸文化资源活化利用不足,文化内涵挖掘不够

一些传统村落虽然进行了商贸文化资源的开发利用,但是开发效果并不理想,未能活化利用商贸文化资源。一些传统村落的商业街区只是采取静态的开发模式,简单地重建商业街区和商业店铺,引入商业化的运作模式,靠一些展览和表演来吸引游客,未将地方的商业文化内涵传递给游客。一些传统村落的商业街区经营的商品大多是旅游产品,很少与地方文化相关,商业化气氛过于浓厚,缺乏本地的商业文化气息。

苏州翁巷村体现了洞庭商帮翁、席两大家族的兴衰过程,是集中体现洞庭商帮儒商文化的重要村落。但是翁巷村对商贸文化资源的内涵挖掘不深,只是开发了一些古建筑资源作为旅游景点,洞庭商帮文化的精神内涵未能充分演绎,缺少体现洞庭商帮文化的旅游产品。

三、苏南传统村落商贸文化资源保护与开发的模式

(一) 苏南传统村落商贸文化资源保护与开发的原则

1. 整体性保护原则

苏南传统村落物质形态的商贸文化资源和非物质形态的商贸文化资源是一个有机的整体,它们是完整不可分的,需要我们对其进行整体性保护,既要保护物质形态的商贸文化资源,又要保护非物质形态的商贸文化资源。

---

[1] 王浩.常州乡村老街保护与发展探析[J].城市学刊,2016(6):27-30.

无锡严家桥村拥有众多商业物质遗存,如春源布庄、唐氏花厅等,唐氏家族在长期的经商过程中也形成了独特的商业字号,如春源、同济、德仁兴、同兴等字号;唐氏家族坚持诚信为本的经营理念,艰苦奋斗的创业精神,实现了资本的增值,从而成为近代中国民族工商业的大家族。这些商业遗存和商业精神都是珍贵的文化遗产,两者紧密相连,共同形成了严家桥村商贸文化资源的有机整体。在开发严家桥村的商贸文化资源时要把它们作为一个整体去考虑,不可割裂二者之间的关系,整合物质资源和非物质资源,提升整合效益,达到整合效果。

2. 动态保护原则

对商业老街等商贸文化资源应该赋予其新的形式和内容,激发商业老街的生命力和活力,以文化为灵魂,构建商业老街的活态开发模式,充分展现商业老街的文化内涵,展示商业老街的独特魅力。商业字号、商贸习俗等商贸文化资源体现着一个地方的商贸文化特征,是依托于人而存在的,是人类实践过程中的多元价值的综合体,是一种活态存在物。它们在不同空间内可以流动,在不同地域传播中可以不断变化。

街巷、商道、驿站、商埠、码头、商铺等物质形态商贸文化资源和商帮、商业字号、商业思想、商业精神、商业道德、商业法规、商贸习俗等非物质形态商贸文化资源共同形成了一个文化脉络。对其保护不应该是静止的博物馆式保护模式,应该采取动态保护模式,让其在继承中发展创新。

3. 特色性原则

商贸文化旅游资源的开发需要坚持特色性原则,特色性原则是文化遗产旅游开发的关键因素。"特色"是旅游资源开发的灵魂,不仅要在品牌上打造独有的特色,还要结合地域文化资源找出独有的特色文化,发展新文化品牌。

商业字号、商业思想、商业精神、商业道德、商业法规、商贸习俗等商贸文化资源具有一定的地方特色,它们是地方商贸文化的非物质表现形式,代表着地方的商贸文化特征。

开发这些商贸文化资源时要挖掘本地独有的商贸文化,突出商贸文化资源的地方特色,将其转化为旅游资源,坚持多元化、多样化的开发手段,突出商贸文化资源的独特文化品位,形成特色鲜明的个性和浓厚的文化吸引力,打造具有鲜明的地域文化特色的旅游品牌。

(二)苏南传统村落商贸文化资源保护与开发的模式

1. 国内外商贸文化资源保护与开发模式

(1)商贸文化博物馆

商贸文化博物馆是通过征集、典藏、陈列商业遗产实物,展现商业文化的专题博物馆。

广东省中山市香山商业文化博物馆是中国第一家以商业文化为主题的博物馆,是在石岐镇总商会旧址上建立起来的,馆内以中山商业历史文化发展为主线,重点介绍在中国近代商贸历史上成就突出的中山人。整个馆分三层,每层均围绕一个主题进行陈列展示。三个部分自成体系,却又和近代中山商业息息相关,将中山商业历史和传统文化系统地展示出来。①

各地相继建立以商业文化为特色的博物馆,如济南商埠文化博物馆、内蒙古民族商贸文化博物馆、淄博鲁中商贸文化博物馆、北京西单商业文化博物馆等。

(2) 特色文化商业街

特色文化商业街是在传统街区基础上进行改造,以地方特色文化为主题,展示当地建筑风格、民俗文化、商业活动的街区。

"中国历史文化名街"是 2009 年开展的一项评选活动,至今已经评选出五届共计 50 个老街。其中比较有特色的有北京市国子监街、苏州市平江路、黄山市屯溪老街、福州市三坊七巷、海口市骑楼老街等。

黄山市屯溪老街包括 1 条直街、3 条横街和 18 条小巷,由不同年代的三百多栋徽派建筑群构成了街巷。现存的老街从老大桥至牌楼影壁,全长 800 多米,是中国保存最完好的一条兼具南宋、明、清建筑风格的商业街,堪称徽文化的窗口。②

(3) 商贸文化创意产业园

商贸文化创意产业园是以商贸文化为主题,开发利用商贸文化资源,打造集办公、配套的生活、商业设施为一体的综合性文化创意产业聚集区,它具有商业功能、文化功能和产业功能,是商贸文化创意产业化发展的一种模式。

浙江义乌宾王市场是当时国内最大的专业批发市场,义乌市发挥义乌商贸文化优势和宾王市场原有建筑群资源优势,建设义乌·中国丝路商贸文化创意产业园区。园区通过公共艺术介入、空间环境再生、休闲功能耦合、文创机制创新等措施,把宾王市场区块规划建设成为集众创空间、时尚体验、城市休闲为一体的具有国际化、高端化、时尚化、产业化的商贸文化创意产业园区。③

2. 苏南传统村落商贸文化资源保护与开发的模式

(1) 商贸文化旅游区

商贸文化旅游区是以历史街区、古建筑、名人故居、遗址遗迹等为依托,将当地的商贸文化资源和旅游资源有机结合,借助当地的自然资源和人文资源,打造集旅游商贸、民俗文化、餐饮住宿、休闲购物等于一体的综合性文化旅游区。

苏州杨湾村商贸文化资源丰富,历史上曾经是重要商贸集散地,拥有众多大商家和老字号,商贸遗存主要有杨湾老街、长圻码头、吴连生豆腐店、怀荫堂书场等,以及周泰森、永大、顺泰、吴氏、隆兴、延益堂、丰盛楼、和蔼亭等商号。杨湾老街全长九百多米,是东山镇保存较好的一条老街,街上保存有二十多栋明清建筑,被称为明代一条街。

---

① 张文平. 雅俗共赏——浅析香山商业文化博物馆陈列艺术特色[J]. 文史博览(理论),2015(1):38-39.
② 孔翔,王惠,侯铁铖. 历史文化商业街经营者的地方感研究——基于黄山市屯溪老街案例[J]. 地域研究与开发,2015(4):105-110.
③ 义乌打造商贸文化创意产业园区[EB/OL]. http://www.jhnews.com.cn/2016/0730/670616.shtml,2016-07-30.

开发杨湾村的商贸文化资源,以杨湾村的明清建筑等为依托,打造杨湾村商贸文化旅游区。修缮老街、传统建筑等传统商业和饮食文化的物质承载环境,恢复具有当地特色的传统行业和老字号,突出杨湾村发达的商贸文化内涵,重现杨湾村商贸重地的繁荣景象。建设商贸文化展示中心,传承和展示杨湾村传统手工技艺、传统商贸民俗文化等商贸文化资源。

(2)商帮文化旅游节

商帮文化旅游节是通过举办文化旅游节形式,讲述商帮故事,传承商帮文化,弘扬商帮人文精神的一种商贸文化旅游方式。

明清时期,苏州西山和东山的洞庭商帮以经营棉花、丝绸闻名全国,由于洞庭商帮擅长钻营,因此被称为"钻天洞庭"。近代洞庭商人在上海从事买办和钱庄生意,积累了大量的财富。为了打破洋商垄断地位,实现实业救国的理想抱负,他们创办了纱厂、染织厂、面粉厂、织布厂等民族工商业。洞庭商人在长期艰辛创业过程中,传承了商帮文明,形成了独特并且至今影响巨大的"洞庭商帮"文化。

通过开发苏州洞庭商帮文化资源,打造以"洞庭商帮"文化旅游为主题的商帮文化旅游节。旅游节主题定位为追寻洞庭商帮足迹、缅怀洞庭商帮历史,通过举办商帮文化论坛,参观洞庭商帮博物馆、体验洞庭商帮民俗文化等一系列活动,来弘扬洞庭商帮文化,传承洞庭商帮艰苦奋斗、务实创新的精神。

(3)商贸文化主题公园

商贸文化主题公园是将商贸文化与当地文化资源相融合,通过多种形式的宣传载体围绕公园进行设置,与公园原有的人文环境和设施相结合,打造具有浓郁商贸文化特色的主题公园。

无锡严家桥村是中国近现代民族工商业唐氏家族的发祥地,村中保存有大量的唐氏家族兴办的商贸遗存,如唐氏仓厅、唐家码头旧址、春源布庄遗址等。在严家桥村建设商贸文化主题公园,将严家桥村的商贸文化资源与自然资源相融合,在公园内建造唐氏家族商贸文化广场,运用声光电等多种技术手段方式展出唐氏家族发迹史。对严家桥现有的商贸遗存进行多种功能业态的改造,将其改造成文化艺术中心,引进文化创意产业,开发其商业功能,开设主题酒吧、咖啡厅、艺术影院等设施。以具有现代艺术形式对严家桥村商贸遗存进行改造,将其打造成为富有历史气息的集餐饮、娱乐、零售、民宿、文创办公等综合性主题商贸文化公园。

四、苏南传统村落商贸文化资源保护与开发的对策

(一)加大商贸文化资源保护力度,建立健全保护机制

商贸文化资源是文化遗产的重要组成部分,它们中有很多已经成为各级文保单位,受到文化遗产和文物的法律法规保护。但是由于人们对商贸文化资源的价值认识不清,

漠视了其作为文化遗产的价值,导致了商贸文化资源遭到破坏。

加大商贸文化资源的保护力度,加强对商贸遗存的保护,在修缮传统商业建筑时要遵循原真性原则,保持原有特色。在进行商贸文化旅游资源的开发中,要遵守法律法规,依法进行开发,不去进行破坏性开发。

建立健全商贸文化资源保护机制,开发商贸旅游资源之前需要进行科学规划和严格论证,开发过程中注意保护商贸遗存和商贸民俗,不去改变商贸遗存周边自然环境和建筑风貌,保持原有的历史文化氛围。加强对传统村落商贸文化资源开发的管理,防止出现破坏传统村落整体性和协调性的行为。

坚持创新的开发理念,在商业街区中引入各种商业业态,在不破坏文物的前提下将传统商业建筑改造成酒吧、时尚餐厅等,让游客感受老街文化的同时也满足消费的需求,实现老街文化与商业运作有机结合,良性发展。

(二)保护与振兴商业老字号,传承商业精神

老字号因为其独特的文化内涵成为一种别具一格的旅游资源,将老字号深厚的文化底蕴与旅游业结合起来,可以获得较大的发展空间。

国内已经形成了多个老字号集聚的历史街区,如苏州观前商业街、扬州东关街—国庆路街区、南京老门东历史文化街区在2018年成为首批老字号集聚街区,这些街区都集聚了大量的老字号,是集历史文化、休闲娱乐、旅游景观于一体的文化街区。

苏南传统村落的老字号一般是具有世代传承的产品、技艺或服务,具有深厚的文化底蕴,形成良好信誉的品牌。老字号是历代劳动者辛勤智慧的结晶,蕴含着丰富的文化内涵,要深入挖掘老字号的文化内涵,将其成果展示给游客,让游客了解地方的民俗文化。要将老字号的保护和传承纳入传统村落保护规划中,突出老字号的作用和地位,制定针对老字号传承和保护的专业规划,对老字号集中的区域进行重点保护。发挥老字号聚集效应,在能够体现本地特色文化的区域,打造老字号特色街区。

苏南传统村落商人在长期艰辛创业过程中,传承了商帮文明,形成了独特的商业精神。商业精神体现的是商人诚信经营和爱国忧民的高尚品德,大力弘扬商业精神,树立商人的正面形象,实现其教育价值。

(三)深入挖掘商贸文化内涵,活化利用商贸文化资源

深入挖掘传统村落商贸文化资源内涵,以商贸文化资源为抓手,积极搜集整理关于传统村落的商贸民俗文化、商人传奇故事、商贸趣闻逸事等,将商贸文化资源与传统村落保护与发展紧密结合,不断深化传统村落商贸文化资源转换。

整合各种文化资源,活化利用商贸文化资源,实现传统村落经济活动与文化精神共生。将商贸文化资源与周边的其他旅游资源串联在一起整合开发,设计商业老街和名人故居、历史遗存、红色文化、田园风光等资源互补的旅游产品,实现各种资源经济价值最大化。

开发体验式商贸文化旅游产品,从视觉、听觉、味觉等要素让游客亲身感受到传统商贸活动。在商业博物馆中运用现代视觉技术手段展示商贸遗存,通过视觉、听觉技术全方位展现传统商业经营真实场景,让游客身临其境地感受到传统商贸文化的魅力。开发具有当地特色的饮食文化产品,将当地的传统饮食技艺予以充分展现,让游客感受到独特的味觉印象。

第十一章 美丽乡村建设背景下苏南传统村落农耕文化资源保护与开发

一、苏南传统村落农耕文化资源概述

农耕文化资源是中华民族千百年来由农民在农业耕种过程中集合了各种经验和智慧,从而形成的具有中华民族独有特色的文化遗产,是中华优秀传统文化的重要组成部分。

苏南拥有悠久的农耕文明史,一些传统村落的古遗址中出土了炭化稻米,说明先民们已掌握了原始的水稻栽培技术,稻米已成为当时人们的主要食物来源之一。太湖气候适宜,物产富饶,是我国稻作耕种最早的发源地之一,生活在太湖流域的农民,祖祖辈辈在这里劳作耕种,农耕成为他们最主要的生产方式,他们凭借着独特多样的自然条件以及勤劳和智慧,产生了大量的民间艺术、生活习俗、农用器具、传统民居、农谚歌谣,留下大量农耕文化资源。这些农耕文化资源不仅是宝贵的文化遗产,也是旅游资源的重要组成部分。

(一)苏南传统村落农耕文化资源分类

国内农耕文化资源尚无明确的分类标准,王思明、李明(2011)在《江苏农业文化遗产调查研究》一书中将江苏农业文化遗产分为遗址类、工程类、景观类、聚落类、工具类、技术类、文献类、物种类、特产类、民俗类等。[①]

本章参考王思明、李明对农业文化遗产的分类标准,根据文化资源的分类方式,结合苏南传统村落现状,将其分为物质形态的农耕文化资源和非物质形态的农耕文化资源,物质形态的农耕文化资源有遗址类、工程类、工具类、技术类等,非物质形态的农耕文化资源有民俗类。

1. 遗址类农耕文化资源

根据考古资料证明,苏南的农耕文明可以追溯到史前时代,目前已经考古发掘出土了大量的新石器时期的史前农耕文化遗存。江南自古是鱼米之乡,稻作遗址较多,很多遗址中出土了大量的水稻壳和稻米粒等。常州三星村遗址出土了炭化稻标本,对研究水

---

① 王思明,李明.江苏农业文化遗产调查研究[M].北京:中国农业科学技术出版社,2011.

稻的人工栽培、原始农业的起源等具有重要价值。

2. 工程类农耕文化资源

工程类农耕文化资源，指的是为提高农业生产力修建的古代设施，包括各种农具、设施等，目的是为了改善劳动者的工作条件。农业水利设施，具体有运河闸坝工程、农田灌溉工程。

京杭大运河贯穿苏南全线，京杭大运河不仅担负着水上运输任务，而且对江南地区农田灌溉有着重要影响，其沿岸成为中国经济较发达的地区。由于农田灌溉的普遍发展，苏南兴建了大量的人工水库和闸坝工程，一定程度上体现了以灌溉文明为特点的农耕文明。

3. 工具类农耕文化资源

工具类农耕文化资源是指传统农业中发明但没有进行进一步发展的农业器具，主要有整地、播种、灌溉、收获、加工等类型。[1] 整体工具有石斧、石锛、石犁、铁犁等，播种工具有耧车等，灌溉工具有翻水车、筒车等，收获工具有石刀、石镰等，加工工具有石磨盘、手推磨等。

苏州三山村的三山岛遗址出土了大量旧石器时代的打制石器5 000余件，这些石器工具表明了三山岛存有一种以渔猎为主、采集为辅的经济形式。据三山岛旧石器遗址各方面材料的分析，这一遗址是当时人类制作石器的制造场和季节性居住营地。[2]

4. 技术类农耕文化资源

技术类农耕文化资源主要指的是人类在历史上创造并传承至今的、与农业生产直接相关的，以活态形式存在的各种技术，如土地耕种技术、土壤利用技术、农作物栽培管理技术等。

明清时期太湖地区稻作农业是传统精耕细作农业的典范，稻田耕种技术具备了较高水平。苏南制茶技术高超，拥有碧螺春、雨花茶、茅山长青、金坛雀舌等众多品牌。

5. 民俗类农耕文化资源

民俗类农耕文化资源主要有生产民俗和生活民俗等，生产民俗指的是在各种物质生产活动中产生和遵循的民俗，农耕生产民俗主要围绕水稻种植、农作物种植等方面展开，如谈庄秧歌灯、调犟牛等。生活民俗指的是饮食民俗、节庆民俗、服饰民俗、娱乐民俗等，如金村庙会、柚山放灯节、杨桥庙会、东坝大马灯等。

（二）苏南传统村落农耕文化资源的价值分析

1. 历史价值

苏南传统村落农耕文化资源历史底蕴深厚，具有很高的历史价值，一些遗址类农耕

---

[1] 王思明，李明. 中国农业文化遗产研究[M]. 北京：中国农业科学技术出版社，2015.
[2] 三山岛旧石器时代遗址[EB/OL]. http://www.suzhou.gov.cn/zwfw/snfw/ny/sznylswh_13466/201808/t20180829_1001730.shtml, 2018-05-09.

文化资源形成于古代,对于研究古代人类生产生活以及古代经济社会发展具有一定的历史价值。一些遗址类农耕文化资源出土的农耕农具都是研究当时历史的重要见证,挖掘农耕文化资源的历史价值具有重要意义。

这些资源是一笔稀缺的宝贵的历史财富,不可再生,无可复制,随着时间的推移,一旦遭到自然侵蚀或者人为破坏,就毁灭殆尽,无处可寻。

2. 文化价值

农耕文化资源代表着一定历史时期的文化,具有鲜明的地域文化特征。三星村遗址地处长江下游地区的太湖原始文化区与宁镇原始文化区的交界地带,其文化具有双重性。

一些重要的农耕民俗活动都是地方文化的代表,这些都具有重要的文化价值,对于研究苏南地区地域文化具有重要的作用,挖掘这些农耕文化资源的文化内涵,可以为保护地方文化提供有力的帮助。

3. 经济价值

开发农耕文化资源,可以实现其经济价值,获得良好的经济效益。挖掘农耕文化资源的价值内涵,将农耕文化资源与自然资源、人文资源整合,科学合理进行开发,从而达到改善农民生产生活条件,提高农民收入,实现小康社会的目的。

一些遗址类农耕文化资源是重点文保单位,京杭大运河是世界文化遗产,对其科学规划、合理利用,可以提高当地旅游产业发展,实现其经济价值。

4. 社会价值

农耕文化资源蕴含着丰富的文化内涵,不仅可以满足人们的精神需求,还可以提高人们的文化素养。利用民俗类农耕文化资源举办一系列民俗文化活动,让人们在欣赏这些独具特色的地方农耕民俗时提升自身的文化品位。

农耕文化资源反映着中国传统文化的发展脉络,具有鲜明的地域文化特色,可以增强不同地区之间的文化交流,从而实现优秀农耕文化的当代价值。

农耕文化资源的保护也是对生态环境的保护,开发农耕文化园区等旅游资源,是建立在自然生态环境保护的基础之上,构建人与自然和谐共生的关系。

二、苏南传统村落农耕文化资源保护与开发现状

(一)苏南传统村落农耕文化资源保护与开发的成绩

苏南各地对于农耕文化资源采取了保护措施,积极开展一些农耕文化资源保护工作,一些民俗类农耕文化资源申报为各级非遗项目,建立一些农耕文化园和农耕博物馆,使得一些农耕文化资源得到了较好的保护。

苏南各地建立的农耕文化园有苏州江南农耕文化园、镇江中华农耕文化博览园、常州吴楚农耕文化园、南京六合马鞍农耕文化园等,农耕博物馆有常州农耕文化体验展示

馆、南京中华农业文明博物馆等。

(二) 苏南传统村落农耕文化资源保护与开发存在的问题

1. 保护重要性认识不足

遗址类、工程类、工具类、民俗类、技术类农耕文化资源等都是保护与开发的对象,苏南传统村落农耕文化资源的数量、质量和区域分布情况,相关部门尚未进行摸底调查,也没有制定相应的保护措施。

一些传统村落对于农耕文化资源的重要性认识不足,在传统村落保护性规划中没有对农耕文化资源保护进行专项规划,也没有从农耕文化资源开发利用上作出相应的组织安排,保护手段仅仅停留在原始的人工保护方法。

农民是农耕文化资源保护与开发的主体,但是农民主体地位未得到充分发挥,农民在农耕文化资源保护与开发中不能表达他们的合理化建议,因此也就无法发挥他们保护与开发农耕文化资源的积极性和主动性。

2. 保护机制尚未健全

国内与农耕文化资源相关的法律法规一般是针对某一方面进行保护管理,没有单独针对农耕文化资源整体性保护的法律法规,因此就造成了执法困难。《重要农业文化遗产保护办法》对农耕文化资源的保护内容及其管理机构进行了明确,但是没有针对农耕文化资源制定明确的保护措施,对保护经费的保障措施和责任部门并没有明确。

各地的文物保护的法律法规未将农耕文化资源单独列入保护内容,非物质文化遗产保护办法只是针对一般的非物质文化遗产项目提出保护办法,并未针对农耕类非物质文化遗产提出分门别类的保护措施。

物质形态的农耕文化资源一般由地方政府和农业部门管理,民俗类农耕文化资源一般由文化部门管理,存在多头管理,容易出现推诿扯皮的现象。

3. 传统农耕民俗和工艺传承困难

随着现代化农业的发展,一些传统农业工艺已经被摒弃。一些传统村落传统的农具如水车、耕犁等长期无人使用,已经锈蚀毁坏。一些民间农耕习俗处于濒临灭绝的状态,传承人年龄偏大,面临着后继无人的危险境地。对农耕文化中涉及非物质文化遗产的传承人,缺少相关配套措施和激励机制,不少传承人因经济条件较差,无传承活动经费,无力从事传承工作,致使一些传承项目呈现濒临灭绝的倾向。

由于对农耕文化资源的历史文化价值、社会价值及旅游价值缺少系统的研究,与区域内的其他旅游资源如自然资源、历史文化资源、红色文化资源、民俗文化资源等整合力度小,一般都是单一开发旅游,独立运作,未形成合力,因此无法发挥资源整合优势,影响农耕文化资源旅游开发集聚效应的发挥。

三、苏南传统村落农耕文化资源保护与开发的模式

(一) 苏南传统村落农耕文化资源保护与开发的原则

1. 真实性原则

保持农耕文化资源的真实性,就是保护一些农耕文化资源真实的物质载体以及传统的农耕生产生活方式等,不破坏农耕文化资源周边的自然环境,不建造一些与其不相协调的人造景观。非物质农耕文化资源如农业民俗活动等不能随便篡改项目内容,要保持农业民俗的原汁原味,将农耕文化资源的原貌真实再现。

2. 整体性原则

农耕类遗址、农耕工具、农田灌溉工程等物质资源,以及农田、河流、山川、地貌等自然资源都是农耕文化资源的物质载体,它们与农事活动、农业民俗等非物质文化遗产共同构成了有机整体。在保护农耕文化资源时,不仅要注重对物质类农耕文化资源的保护,还要注重非物质类农耕文化资源的保护,使其达到物质和非物质的整体保护。

3. 可持续发展原则

农耕文化资源的保护与生态保护具有一致性,在开发农耕文化资源的同时,要充分考虑当地的生态环境承载力,遵循自然生态规律,对农耕文化资源实现可持续发展。非物质文化遗产要坚持文化生态保护,保持原生态的农业民俗文化,确保农耕民俗文化持久地延续下去,不被外来文化所侵蚀。

4. 地域特色原则

深入挖掘苏南传统村落农耕文化资源的地域文化,提炼农耕文化的地方元素,融入地方特色文化和传统文化,始终坚持地域特色原则。大力保持农耕文化资源本身的乡土性,如农事民俗、乡土技艺、农事庆典活动等,将本地区独有的地域文化进行延续下去,发挥传统农耕文化特色。

(二) 苏南传统村落农耕文化资源保护与开发的模式

1. 国内外农耕文化资源保护与开发模式

(1) 韩国乡村主题旅游模式

韩国将农耕文化遗产作为一种旅游资源,大力进行了开发利用,并取得了一定成功。[1] 韩国政府注重对农耕文化遗产的动态性保护,所在地通过利用当地的资源及设施来促进乡村旅游产业的大力发展,拓展农耕文化遗产的多重功能,改善农村生产生活空间的利用,建立农耕文化遗产博物馆和农耕文化体验中心等方式对游客进行开放。

碧骨堤是东亚最大的水库,也是韩国的代表性水利设施。碧骨堤水利民俗遗物展示

---

[1] 郑媛媛. 韩国农业文化遗产的保护与发展经验[J]. 农家参谋,2017(22):294-295.

馆中展有与水稻种植相关的遗物250多件,馆内设有可直接体验水利设施的体验场。

(2)日本田园空间博物馆模式

日本对农耕文化遗产保护利用的做法是建立"田园空间博物馆",整合现有农业资源,打造休闲农业产品,以区域旅游开发为实现平台,以整体营销为推动手段,最终实现休闲农业与区域发展的相互促进,将有效资源整合成为一个完整的旅游目的地。[①]

日本能登半岛农业系统是日本传统农业的典型代表,半岛三面环海,山地、森林、梯田、池塘和村落错落有致、交相辉映,形成了地域鲜明的乡村景观。能登田园空间博物馆以地域文化的角度对乡村进行开发利用,田园博物馆展示各种农业种植园,共有13个农业种植区,有牛蒡、南瓜、油菜、冬瓜、慈姑和大豆种植区。[②]

(3)印度传统农业系统保护模式

"全球重要农业文化遗产系统"(GIAHS)是联合国粮农组织评选的全球重要农业文化遗产。印度农业资源丰富,发展形成了不同的农业系统,拥有藏红花农业系统、科拉普特传统农业系统和库塔纳德海平面下农耕文化系统。

印度在传统农业系统保护上做出了大量的工作,成立了农业文化遗产委员会负责农业文化遗产的保护,成立了国家藏红花委员会等某一类型农业文化遗产保护的专门机构。制订了相关的动态保护规划与参与式的行动计划,探索农业文化遗产保护过程中的利益共享机制和农民激励机制。[③]

2. 苏南传统村落农耕文化资源保护与开发的模式

(1)农耕文化博物馆模式

博物馆一般是将自然和人文遗产进行陈列、展示的场所,农耕文化博物馆的模式就是将农耕文化资源收集、整理后陈设在馆内,通过技术手段展示一些农耕生产过程,将农耕生产生活以真实场景再现,为民众提供教育功能,激发民众参与农耕生产生活的认同感,为民众提供农耕文化知识科普的场所。

在地理位置优越、环境优美、农耕文化资源丰富的地区如苏州太湖,建设农耕文化博物馆,开设展厅,将江南太湖流域的农耕文化的源流、农耕器具、粮食加工存储、炊事饮食、传统习俗、休闲娱乐、农副生产、传统农耕民俗等农耕文化资源运用图片、文字、实物、3D虚拟场景再现等表现手段,全方位展示传统农业生产方式、农民生活方式及农耕非物质文化遗产。

(2)创意农耕文化体验园

创意农耕文化体验园是用创意产业的发展方式将农村生态资源、农村生产生活资源等元素转化为旅游资源,通过运用各种技术手段如科技、媒体、数码等,将农耕生产生活

[①] 张永勋,焦雯珺,刘某承,闵庆文.日本农业文化遗产保护与发展经验及对中国的启示[J].世界农业,2017(3):139-142.
[②] 农业农村部国际交流服务中心.全球重要农业文化遗产概览(一)[J].农村工作通讯,2018(13):60-63.
[③] 闵庆文,刘伟玮.印度的农业文化遗产保护[N].农民日报,2013-08-23.

环节进行完整展示的农耕文化体验园。①

国内的创意农耕文化体验园分为休闲农耕文化体验园、科技农耕文化体验园。休闲农耕文化体验园是利用当地的农耕文化资源,依托自然景观和田园风光,将农耕文化资源作为重要的资源,开发休闲农业、娱乐为一体的休闲观光农业园。

科技农耕文化体验园是利用现代先进的农业技术,突破传统农耕方式,以提高农作物产量和质量为主的农业科技示范园。选择农耕文化资源集中的传统村落,采用新型现代农业新品种、新工艺以及新型技术,营造科技农业景观,展现农业的科技形象。开发其科普功能,让公众参与体验科技农业的过程,如参与农作物技术改造,创造新型农产品,利用现代IT技术控制农作物的生产等,切实增强科技农耕文化体验园的体验性。

(3) 生态农耕文化观光园

生态农耕文化观光园是利用当地的生态农业,发挥农耕园的生态效应,采用绿色、环保的生产技术,开发农耕园的生态功能,以此作为农耕文化的重要抓手,打造先进的生态文化农耕观光园。

生态农耕文化观光园是以农耕资源和乡土文化为基础,以生态农业生产和生态旅游为主要功能,通过合理开发利用农业资源,与旅游相结合,融环境保护、生态农业生产、经营、生态旅游观光、休闲活动、文化教育于一体的综合园区。

选择农耕文化资源和民俗文化丰富的传统村落,开发利用当地的生产生活习俗以及历史文化资源,将农耕文化资源融入生态农耕观光旅游中,把当地地域文化与生态农业相整合,形成以休闲旅游观光、生态农业田园采摘、追忆农耕文化为主题的生态农业旅游观光教育片区,实现农耕文化与生态农业的密切融合。

(4) 农耕文化主题公园模式

农耕文化主题公园主要是将农耕生产生活中形成的农耕民俗文化、农耕技术手段等作为主题,采用现代媒体技术,营造农耕文化氛围,突出农耕文化的文化底蕴,集历史文化、休闲娱乐为一体的主题公园。

在传统村落中建设农耕文化主题公园,挖掘当地的历史文化,突出当地的乡土特色,将当地民间故事融入其中,挖掘传说人物,将田间耕作等农事活动融入其中,在公园中种植一些不同季节的农作物,对其进行合理搭配,充分利用季节变化产生的景观,营造绚丽多彩的农耕文化景观,提高农耕文化主题公园的观赏价值。

将一些与农耕文化相关的非遗项目融入其中,将民间表演艺术和农事庆典活动植入公园,展示农耕文化的独特地域文化韵味和娱乐性,让公众感知传统农事的无限乐趣,增强其对农耕文化的了解程度。

---

① 唐立舟.杭州地区创意农业体验园规划设计研究[D].浙江农林大学,2017.

四、苏南传统村落农耕文化资源保护与开发的对策

（一）构建苏南传统村落农耕文化资源保护的多元参与机制

坚持政府主导，明确政府各部门在农耕文化资源保护中的责任，鼓励从事农耕文化资源保护研究的高校、科研院所等参与农耕文化资源保护，充分调动当地居民和民间组织的积极性。

各地成立农耕文化资源保护协会，加强与相关科研机构的联系，吸纳志愿保护者，对农耕文化资源进行组织化保护，做好农耕文化资源的研究工作。

科学统筹，合理分工，协调各级农业、文物部门在农耕文化资源保护中的职责，定期召开学术研讨会、组织学术论坛等形式对农耕文化资源保护进行研究，征集各方面的建议，收集整理保护与开发的信息，从理论上推动保护的进程。

加大农耕文化资源保护的宣传教育，提高民众保护农耕文化资源的意识，对当地居民给予一定的政策支持，使其成为保护的主体，自觉保护农耕文化资源，使得农耕文化资源更好的延续下去，实现其历史价值和经济价值。

（二）构建苏南传统村落农耕文化资源保护管理机制

从整体上做好苏南传统村落农耕文化资源保护的管理机制，由各地农业部门和文物部门联合成立农耕文化资源保护小组，对苏南传统村落农耕文化资源开展调研摸底和保护管理工作，明确各单位的保护职责，在传统村落保护规划中制定农耕文化资源专项保护规划，分步骤有重点的对一些重要的农耕文化资源进行分工协作保护，文物部门负责管理一些已经成为文保单位的农耕文化遗址、农耕工程，文化部门负责管理农耕民俗，档案部门负责管理农耕文献资料，旅游部门负责农耕文化资源的旅游开发。

制定农耕文化资源保护的相关法律法规，明确农耕文化资源保护的认定标准，规范农耕文化资源中的开发与利用，使得农耕文化资源保护有法可依，从而达到可持续开发利用的目的。

政府制定保护法律法规的同时，召开听证会听取民众对农耕文化资源保护的建议，激发民众参与保护的积极性。对于一些破坏农耕文化资源的违法行为，采取相应的处罚手段，给予相关责任人一定的处分，明确法律的执法主体，完善农耕文化资源保护与开发的法律监督体系。

（三）深入挖掘农耕文化内涵，大力传承农耕文化

农耕文化不仅有物质文化遗产，还有非物质文化遗产，需要我们深入挖掘文化内涵，对一些与农耕文化相关的故事以及经验进行收集整理。由于这些内容多半是存在于一些老人的记忆中，为了这些智慧可以流传于世，需要我们对当地的农耕生产生活方式、农

民生活习俗、农耕文化典故等进行广泛收集,将这些农耕文化资源通过文字或者图片方式进行保存,以便后人可以查阅研究。将一些农事民俗故事编成剧本,拍摄相关的影视作品,使得民俗类的农耕文化资源可以广为流传。

深入挖掘农耕文化资源的内涵,打造具有竞争力的农耕文化资源,形成独具特色的农耕文化品牌。如东坝大马灯、直溪巨村舞龙,都是农民在农耕生产生活中形成的乡村文化,这些具有地域特色的乡村文化与当地农民生产生活完美结合,共同构成了极具魅力的农耕文化资源。

提高农村农耕民俗文化传承人年轻人的比例,吸引大量的年轻人学习非遗,缓解传承人老龄化的困境,加大文化交流力度,将一些传承人送到更高的舞台去施展才华,展现其文化魅力,并在政策上给予一定的补贴,对一些非遗项目传承人要重点予以保护。

(四)加大农耕文化资源旅游开发力度,打造农耕文化品牌

结合苏南传统村落农耕文化资源开发利用的形势,打造江南最大的农耕文化主题博物馆,以生态文明为主线,将江南几千年的农耕文化通过博物馆进行展现,凸显苏南传统村落农耕文化资源的文化魅力。

举办农耕文化艺术节,开展农耕文化资源保护与开发的学术研讨会,吸引外来专家对苏南传统村落农耕文化资源保护与开发献计献策,共同拓展思路,提高苏南传统村落农耕文化资源保护与开发的智慧。

农耕文化资源旅游开发过程中,必须有农产品的参与,农产品的品牌化是实现农耕文化资源经济价值的表现形式,通过对农产品的开发,实现农耕文化资源保护和实现农产品品牌价值。重点发展老的农产品品牌,大力挖掘新品牌,以此推出更多的农产品知名品牌。

第十二章 美丽乡村建设背景下苏南传统村落影视文化资源保护与开发

一、苏南传统村落影视文化资源概述

传统村落影视文化资源指的是影视城、影视基地、影视主题公园等影视产业，以及影视作品、影视人物等影视艺术。影视文化资源一般是体现了当地的本土文化和民俗文化，具有传承地方文化和社会教育的功能，科学合理开发影视文化资源，不仅可以带动当地经济增长，还可以提高传统村落的知名度和影响力。

江南的吴文化和南京的金陵文化交融在一起，为苏南地区的传统村落景观文化增加了文化底蕴。很多反映江南地域文化的影视作品取景于苏南传统村落，将当地的景观文化融入影视作品中，成为影视剧作品的故事背景。

传统村落是乡村曲艺文化的百科书，大量的民歌、戏曲、曲艺等非物质文化遗产是从传统村落发源的，如昆曲、苏剧、苏州评弹、锡剧等。地方曲艺对于影视作品的影响比较深远，影片中穿插大量的民歌与地方曲艺，对于渲染故事气氛，升华影片主题，丰富影视作品文化内涵起到了重要的作用。

传统村落景观文化是通过物质载体表现出来的，如自然风貌、建筑风格、空间布局、桥梁水系等要素，同时又受到生产生活方式、地域文化等历史文脉影响，从而实现村落的景观文化营造。

这些影视剧作品借助于传统村落的景观文化，利用传统村落的古街、古巷、古建筑、古桥、古井、古码头等自然景观以及名人故居、古牌坊等人文景观，再加上江南吴文化元素和符号，以此来唤醒人们对逝去的乡村印象的怀念，给人们带来对美好生活向往的追求。

（一）苏南传统村落影视文化资源分类

苏南传统村落自然风光秀丽、人文历史底蕴丰厚，拥有独有的山水文化和田园文化，为开发和传播影视文化资源提供了丰富的土壤。苏南传统村落影视资源不仅包括影视基地、影片拍摄地等物质形态文化资源，还应该包括与影视相关的非物质形态文化资源，如影视作品、影视歌曲、影视节目等。

苏南传统村落物质形态影视文化资源有以苏南传统村落为拍摄地点的影视基地、影视公园以及影视剧用来拍摄过的山川、河流、历史建筑、文物古迹、模拟场景等;非物质形态影视文化资源有在苏南传统村落拍摄的影视剧作品,以宣传苏南传统村落风土人情、生活习俗、人物形象等内容的影视剧、宣传片、纪录片、广告片、MTV等。

(二) 苏南传统村落影视文化资源价值分析

1. 社会价值

传统村落文化是一种文化形态,借助于影视产业的发展,可以将其文化价值观念传播到各地。影视剧作品在拍摄时将一些传统村落的曲艺文化以艺术形式表现出来,展现出传统村落文化的独特性和多样性,使其绽放五彩斑斓的文化艺术色彩。影视剧在传播过程中,既有对传统村落文化的直接宣传,也有对传统村落文化的潜移默化的间接影响,使传统村落文化影响到人们的人生观和价值观。

电视纪录片《昆曲六百年》从昆曲的前世今生谈起,利用人物表演将剧情在历史场景中表现特定历史人物和特定历史事件,将昆曲蜿蜒曲折的发展过程、卓越的艺术魅力、博大精深的艺术体系展现得淋漓尽致,使得昆曲艺术在全世界得以广泛传播,进而被联合国教科文组织列为"人类口述和非物质遗产代表作"。

2. 文化价值

影视剧作品在深入挖掘传统村落文化内涵的过程中,将当地的民俗风情、方言文化、人物故事等进行了还原,将人物精神面貌也进行了深入的刻画。借助于影视作品的媒介作用,一些村落的民俗节日文化、婚丧嫁娶等仪式得以实现空间上的流动,在不同地区、不同国家之间进行交流传播。

电影《摇啊摇,摇到外婆桥》是张艺谋导演在苏州陆巷村拍摄的一部影片,影片中将江南乡村的民俗节日文化、婚丧嫁娶等仪式进行了深入刻画,并将民间广为传唱的童谣在电影中进行了原声再现。这部影片后来获得了世界级奖项,先后在十几个国家公映,使得世界各地的人民都能感受到江南水乡的浓厚文化气息,从而实现传统村落文化的文化认同。

田壮壮执导的电影《小城之春》取景地在苏州陆巷村,影片运用江南水乡独有的优美意境让观众享受古村落的诗情画意,再通过一些演员语音婉转的江南吴语来表现当地独有的风俗习惯、民俗文化,从而实现从景观到语音都展现出苏南传统村落独有的地域文化和独特的江南韵味。

3. 经济价值

优秀的影视剧作品不仅可以传播传统村落文化,还可以促进传统村落文化转化为文化资本,实现其经济价值。随着影视剧作品的热播,其拍摄地和剧中的地方元素迅速获得了广泛的追捧。

苏州东山陆巷影视基地取得了巨大的成功,自从开发影视资源以来,目前已有一百多部影视剧在此拍摄,陆巷村成为富有浓郁的江南传统村落地域文化特色,集观光旅游、休闲度假与影视剧拍摄于一体的影视文化产业集聚区。

电视剧《延禧攻略》热播后,"苏州非遗"为广大民众所熟知。流传在太湖之滨村落的苏绣技艺在剧中得以充分呈现,女主角在绣坊中绣制华美服饰,将手推绣、打籽绣、盘金绣等苏绣技艺展现得淋漓尽致,从而激发了观众对苏绣、吴罗等传统文化的兴趣,也带来了相关产业的大力发展,实现了经济价值。

4. 教育价值

影视作品中与名人对应的是人物主角,一般是相对重要的人物,大多选取某一地区知名度高、个性鲜明、具有正能量的名人,尤其是在革命题材的影视剧作品中。苏南传统村落自古以来名人辈出,近现代涌现出一大批革命仁人志士,老一辈无产阶级革命家也曾在这里战斗过。

由此选择以苏南传统村落名人为题材的影视作品,革命题材的影视剧作品占到了一大半。影视作品对于一些曾战斗在苏南传统村落的革命领导人也给予了关注,以他们作为影视原型,根据他们的革命事迹和斗争经历创作了一些影视作品。《陈毅在茅山》就是其中之一,影片根据陈毅率领新四军在苏南地区进行抗战的革命事迹进行了影视创作,拍摄地点选取了陈毅同志战斗过的茅山山村和江南新四军指挥部所在地——溧阳水西村,讲述了革命领导人对敌斗争的英勇事迹。这些革命影片具有一定的教育价值,可以加强公民的爱国主义教育和革命传统教育。

二、苏南传统村落影视文化资源保护与开发现状

(一)苏南传统村落影视文化资源保护与开发的成绩

目前苏南传统村落都在挖掘影视文化资源,开发利用影视旅游资源。苏州太湖风光秀丽,人文历史底蕴深厚,传统建筑保存完好,因此吸引了大量的影视剧前来拍摄。

苏州陆巷村自2000年以来,已吸引了一百多个影视剧组前来取景。电影《摇啊摇,摇到外婆桥》《小城之春》《红粉》和电视剧《橘子红了》均在此取景拍摄。2012年,江苏省影视摄制基地落户陆巷村。

陆巷村的苏州东山影视文化街区,拥有影视展览馆、书吧、酒坊、茶楼等,是文化创意和影视元素完美融合,具有鲜明江南地域文化特色,集影视拍摄、观光旅游等于一体的影视文化创意园。

茅山地区的传统村落和溧阳水西村是江南新四军抗战的革命根据地,2002年,央视电影频道与常州市委宣传部联合在此拍摄了电影《陈毅在茅山》,记录了陈毅率领新四军在常州地区抗战的史实。

(二)苏南传统村落影视文化资源保护与开发存在的问题

1. 影视旅游产品类型单一,缺乏影视文化品牌营销意识

苏南传统村落影视旅游产品比较单一,只是停留在影视观光旅游的低层次阶段,缺乏影视文化旅游节和影视实景体验园等新兴的旅游产品。影视博物馆一般只是展出一

些影视纪念品和图片、视频资料等,没有运用 VR(虚拟现实技术)、AR(增强现实技术)等高科技现代媒体技术手段,缺少与影视作品相关的旅游体验活动,不利于影视文化旅游的可持续发展。

影视文化旅游产品营销手段只是沿用了传统的营销方式,没有充分运用影视营销、数字营销、体验营销等新型营销手段,缺乏影视产业品牌营销意识。演艺事业是当前比较流行的营销方式,采用新型演艺营销手段,利用影视夏令营等一系列旅游产品的营销模式,可以提升影视文化品牌的认可度和美誉度。

2. 影视文化资源内涵挖掘不足,尚未形成知名影视旅游品牌

影视文化资源内涵挖掘不足,传统村落缺乏明确的影视文化标识,没有彰显影视文化资源特色价值,没有把影视文化资源植入传统村落保护与开发的各个层面和领域。

影视文化旅游产品与地方文化融合不够紧密,没有把地方文化作为影视文化旅游发展的内生动力,传统村落地方文化与影视文化旅游产品多种功能聚合以及产业、文化、旅游三位一体的发展目标有待进一步实现。

苏南传统村落影视旅游产品缺少高品位的文化,缺少创新思维和创新意识,没有形成独一无二的影视文化旅游产品,没有发挥地域文化优势打造国内外知名影视文化旅游品牌。

3. 影视基地建设力度不够,影视文化产业发展滞后

影视基地的诞生一般有两种模式,一种是依地区文化而生,另一种是依影视作品而生。[1] 苏州陆巷村因为众多知名影视产品在此拍摄,因此被定为江苏省影视摄制基地。苏南是吴文化发源地,文化内涵丰富,拥有众多的吴文化遗存,但是未能形成吴文化的影视基地。

影视文化创意产业发展严重滞后,尚未将影视文化资源应用到时尚设计、传媒艺术等创意领域,未能将影视文化资源与文化创意产业相结合,形成新的业态,延长文化产业链条。目前影视剧取景地开发的与影视作品相关的旅游商品多为大众化的纪念品,缺乏文化创意元素,未能将地方文化元素与影视作品完美融合,开发具有独特地方风格的文化创意产品。

三、苏南传统村落影视文化资源保护与开发的模式

(一)苏南传统村落影视文化资源保护与开发的原则

1. 市场导向原则

影视文化资源的开发需要遵循市场导向原则,进行影视旅游开发时,需要考察影视

---

[1] 柴志明,唐佳琳,苗笑雨.影视基地建设与区域文化开发[J].现代传播(中国传媒大学学报),2011(12):22-26.

作品的知名度和影响力,选择具有较大市场潜力和影响力的影视剧进行开发,可以迅速获得旅游市场的认可。对现有自然资源、民俗文化资源、历史文化资源、影视文化资源进行整合,设计出符合游客喜好的旅游产品,从而形成自己独特的旅游品牌。

2. 知识性原则

当下影视文化资源的开发需要注重知识性原则,通过影视作品向观众传递某方面的知识,可以提升影视作品的文化品位。张艺谋执导的电影《金陵十三钗》的配乐有大半是根据无锡民歌侉侉调《无锡景》改编而来,具有典型的吴文化韵味的江南小调,由秦淮歌女弹奏琵琶用苏州评弹形式进行演唱,旋律优美,将江南独有的文化韵味展现得淋漓尽致,观众感受到江南当地的纯正的曲艺文化。

3. 体验性原则

体验性原则是影视文化资源的开发成功与否的关键,当下一些影视城和影视基地在开发旅游资源时往往会为游客模拟影视情景体验,让游客在影视剧中饰演角色,还原影视剧情节,让游客融入其中。充分利用现有的影视文化旅游资源,通过高科技视觉技术手段,为游客提供一种全新的体验感受,满足游客的好奇心。创新影视旅游主题,突出强调体验式产品,满足游客的猎奇和探秘的需求。

4. 时尚性原则

时尚性原则体现了影视旅游资源的开发需要紧随时代潮流,迎合游客的消费口味,满足游客追逐时尚的需求。电视剧《延禧攻略》热播后,"苏州非遗"为广大民众所熟知。流传在太湖之滨村落的苏绣技艺在剧中得以充分呈现,从而激发了观众对苏绣传统文化的兴趣。可以结合这些非遗,在传统村落开发苏绣技艺传承项目,举行时尚服装展来展示苏绣风格的传统服饰,以此来博得游客的青睐。

5. 可持续发展原则

传统村落文化与影视产业的互动是双向的,传统村落文化传承和创新的同时也将其文化融入影视产业中去,影视产业吸纳传统村落文化的同时,把传统村落文化的影视素材转化成影视艺术表现形式。

影视旅游资源的开发需要遵循可持续发展原则,要保护当地的生态环境,将拍摄活动对自然环境和人文环境造成的影响降到最低,维护影视文化资源的可持续发展。

(二)苏南传统村落影视文化资源保护与开发的模式

1. 国内外影视文化资源保护与开发模式

(1)影视城

影视城是影视旅游重要组成部分,国内很多地方都投资兴建了影视城。无锡中视影视城是我国最早建设的影视城,多年来,已经有数百部影视剧在此拍摄,也吸引了大量的游客前来旅游参观。无锡中视影视城位于太湖,借助于太湖的秀丽风光,融入江南地域文化,将影视创作与文化旅游相结合,取得了较大的成功。

浙江横店影视城是国内比较知名的影视拍摄基地,国家5A级旅游景区,也是国内唯一的"国家级影视产业实验区",是一个集影视拍摄、旅游度假、休闲观光于一体的综合性旅游区。

这两个影视城的成功之道被很多地方参考借鉴,各地纷纷投资建设影视城,开发影视旅游资源,以影视文化为内涵,打造集自然观光、度假旅游、休闲娱乐等于一体的影视旅游区。

(2) 影视博物馆

影视博物馆是以博物馆形式展出国内外影视历史资料和影视相关的物品,目前国内开发较多的是电影博物馆。

中国电影博物馆是目前世界上最大的国家级电影专业博物馆,是展示中国电影百年发展历程、博览电影科技、传播电影文化和进行学术交流研究的艺术殿堂。馆内设有展览区、博览区、影院区等,展出电影拷贝、手稿、电影海报和电影器材等珍贵藏品。

上海电影博物馆位于上海电影制片厂原址,为国内规模最大的电影博物馆。是一座融展示与活动、参观与体验为一体,涵盖文物收藏、学术研究、社会教育、陈列展示等功能的行业博物馆。

(3) 影视文化主题公园

主题公园是拉动影视产业发展的重要手段,也是影视作品取得良好传播效果后产生的影视衍生品,是推进影视旅游业态走向产业积聚的必经之路。影视主题公园的兴起以美国迪士尼乐园的建立为标志,它通过融入了大量动漫角色在游乐场中,并且推出相关的延伸产品进行销售,成为一个经典的游乐品牌。[1]

位于苏州阳澄湖半岛旅游度假区的华谊兄弟电影世界(苏州)是华谊兄弟首个电影主题公园,也是目前国内首个以自持华语电影知识产权为主题的电影文化体验项目。全园三十多种互动娱乐项目,十多个演艺秀,多家电影主题餐厅和各种星享礼品,将互动、娱乐、趣味、文化与科技融合,独创电影 IP 全方位沉浸式体验。[2]

2. 苏南传统村落影视文化资源保护与开发的模式

(1) 影视实景体验园

影视实景体验园是借助旅游景区的自然资源、建筑资源、人文资源等文化资源,利用真实的背景和现场来为游客营造一种身临其境的体验,展示和推介当地传统文化、民俗风情。

选择苏州太湖西山和东山的传统村落,建设古集市、古战场、古兵营等,让游客身穿古代服装,在实景体验园穿越时空,回到古代社会。在古集市中经营传统商业,如当铺、米行等,从业人员身穿传统商人服装,以古代礼仪待客,与游客进行互动,让游客实地体验到真实的古代经商场景。开发水上表演和体验区,模拟古代两军作战的真实场景,水

---

[1] 唐娇. 影视产业对旅游资源的开发和利用—以重庆影视旅游为例[D]. 重庆工商大学,2013.
[2] 探秘华谊兄弟首个电影主题公园 市民可享电影 IP 全方位沉浸式体验[EB/OL]. https://baijiahao.baidu.com/s? id=16062464050112203172&wfr=spider&for=pc,2018-07-17.

军在太湖中操练,进行大型的水上作战,让游客体验真实的战争场面。

（2）影视文化旅游节

影视文化旅游节是一种利用影视文化资源,开展多元化、多样化的影视文化活动,让影视文化与休闲旅游完美结合,从而提升地区文化形象,形成独特的影视文化品牌。

在影视文化资源丰富的传统村落如陆巷村举办影视文化旅游节,推出影视穿越游、乡村追剧游、民族怀旧游等一系列旅游产品,设立影视文化创意产品展示与销售区,举办影视文化旅游文创产品设计展,举行电影魔幻化妆派对、放映影视剧作品等活动,通过举办影视文化旅游节来带动当地旅游业,提高知名度,吸引更多的游客前来游览。

（3）影视文化创意产业园

当前国内文化创意产业与影视文化资源相融合的模式有影视文化创意产业园,它是文化创意产业集聚发展的园区,它是用动漫游戏、影视广播、现代传媒、视觉艺术、虚拟现实技术等技术手段,围绕影视剧制作、动漫设计、艺术创作等内容,实现影视产业化发展的一种模式。

以影视文化资源为载体,在一些条件具备的传统村落中建设影视文化创意产业园,开发影视剧作品和演艺作品。大力发展影视文化创意产业,探索影视文化资源在时尚设计、传媒艺术等创意领域的应用,开发影视文化创意衍生品,制作与其相关的工艺品和纪念品等,加大文化衍生产品的创新,开发产品时将地域文化植入到产品中,使得衍生产品的开发紧跟时代发展潮流,适应市场需求。

四、苏南传统村落影视文化资源保护与开发的对策

（一）深入挖掘影视文化内涵,打造苏南乡村特色鲜明影视剧

对于影视产业来说,文化原创力具有重要作用,立足于苏南传统村落文化地域特色,深入挖掘传统村落文化内涵,科学规划,合理开发传统村落影视文化资源,优化村落自然资源、人文资源、影视资源之间的配置,解决村落文化资源向影视作品转化的瓶颈问题,促进影视文化产业的大力发展。

一方面,影视剧作品在创作中要注重深入挖掘传统村落蕴含的文化内涵,在当今影视剧市场,一部好的影视剧如果想取得成功,获得观众的良好口碑,必须要借助深厚文化底蕴和博大精深的传统文化,注重凸显传统村落独特文化魅力,开发传统村落的民俗文化、曲艺文化、景观文化等各种文化资源,通过影视作品向观众传递苏南传统村落文化的价值内涵,全面展示苏南传统村落文化的精髓。

另一方面,影视作品要注重将传统村落民俗文化与新兴文化紧密融合,让传统村落文化得以传承创新。传统村落文化是传统文化的代表,有着厚重的历史积淀,需要新兴文化的融合才可以传承与创新,吸收与时俱进的时代新元素,将其融入影视剧作品的题材与内容创作中,将传统文化、时代流变、现代时尚等有机结合,勇于创新,打造具有苏南

乡村独特风格的,适应观众高层次文化需求的影视剧。

(二)加大传统村落文化的宣传力度,提高影视产业品牌营销意识

优秀的影视品牌与影视文化产业核心竞争力的强弱密切相关,只有知名的影视文化品牌,才会提高其市场竞争力,获得良好的经济收益。对于传统村落文化的影视文化产业来说,要为传统村落文化塑造良好的文化品牌,加大对苏南传统村落文化的宣传力度,从而为提升影视产业核心竞争力提供支撑。

首先,注重在影视剧中对传统村落文化的正面宣传,传统村落文化贯穿于影视作品的各个方面,如影视剧的情节、人物、取景、音乐等,展现出传统村落的地域文化特色。要注重对传统村落文化精华进行大力宣传,取其精华,去其糟粕,展示传统村落文化中的正能量元素,塑造良好的品牌形象。其次,注重打造一批具有苏南传统村落特色的影视剧精品力作,实施精品战略,充分利用苏南传统村落影视文化资源,构建精品化的影视文化产业发展战略。最后,要注重依靠影视剧的宣传营销手段来提升品牌知名度,扩大影视剧作品的社会影响力,提高影视剧作品的收视率,保证稳定的经济收入。宣传上要摒弃传统的影视营销手段,采用推陈出新的方法保证宣传的多样化,以传统村落的独特文化魅力作为宣传的吸引点,根据不同村落文化的独具一格的特征进行宣传推广,加强与新媒体的合作,构建多层次、多方面的宣传网络,从而提高影视文化品牌的知名度。

(三)提升影视基地建设,夯实影视产业发展载体

影视产业与传统村落文化耦合的过程是影视文化产业传承创新的过程,也是传统村落文化的重新建构过程,不仅可以实现传统村落文化与影视产业的良性互动,让传统村落文化渗入到影视产业发展中,还可以创新影视文化产业发展模式,提高影视产业的市场竞争力。

目前苏南影视基地有苏州东山陆巷影视基地、南京溧水石湫影视基地、常州西太湖影视基地等。影视基地要对当地传统村落文化实施保护性战略,将区域内的物质文化与非物质文化共同进行保护性开发,为影视基地发展创造良好的文化氛围。

影视基地要以当地的传统村落文化为内涵,将影视文化与村落文化耦合发展,并将其确定为未来影视产业发展方向,深挖传统村落文化要素,借助于影视作品形成独特的文化魅力,依托传统村落文化丰富影视产业的文化内涵,推动影视文化与传统村落文化的融合发展,将传统村落文化融入影视产业中,成为影视基地的文化推动力。

加大影视产业对传统村落文化的嵌入,增强影视基地的文化底蕴与文化氛围,将影视基地的物质载体转化成文化形态如传统村落文化主题活动等进行展示,以此提高影视基地的文化影响力。

第三部分

保护与开发的典型案例

第十三章 美丽乡村建设背景下常州传统村落文化资源保护与开发

常州传统村落众多,有中国历史文化名村焦溪村、杨桥村、沙涨村,省级传统村落魏村,常州市重点保护村落鸣凰村、寨桥村、塘桥村、余巷村,还有数十个未获得任何称号的传统村落。这些传统村落具有独特的自然资源、丰富的建筑资源与浓郁地方特色的人文资源,深入挖掘这些村落的价值,为构建科学有效的常州市传统村落保护与开发体系提供支撑。

一、常州传统村落类型

本书选取常州市 15 个传统村落为研究对象,既有中国历史文化名村和中国传统村落,又有省级传统村落和常州市重点保护的传统村落,还有未获任何称号的传统村落。这些传统村落各具特色,分布在常州市各个区县,其中市区和武进区 7 个,金坛区和溧阳市各 4 个,包含了 6 种传统村落类型,具有典型代表性,不仅是苏南地区传统村落的保护与开发的科学依据与参考,也为其他地区村落保护发展提供一定借鉴。

根据苏南传统村落的类型划分标准,结合所选传统村落不同的发展现状特征,将这 15 个传统村落分为传统建筑文化型、生态文化景观型、乡土民俗文化型、传统商贸文化型、历史名人文化型、革命历史文化型。(表 13-1)

表 13-1 常州市传统村落类型一览表

所在地区	村落名称	所属类型	典型特征
武进区	焦溪村	传统商贸文化型	中国历史文化名村,明清商贸集散地,拥有众多大商家和老字号,涉及米行、典当行、银楼、茶馆、布庄等传统商业
武进区	杨桥村	乡土民俗文化型	中国历史文化名村、中国传统村落,省级非遗——杨桥庙会、市级非遗——杨桥捻纸、调三十六行、调犁牛、捐轮车
新北区	魏村	传统商贸文化型	省级传统村落,魏村老街现存有邮局旧址、中药店旧址、理发店、福兴园饭店旧址、照相馆旧址、书场等
武进区	鸣凰村	传统建筑文化型	市级重点保护村落,拥有大量的历史建筑,如南街张宅、兴隆街陆宅、兴隆街民宅、西街民宅等
武进区	寨桥村	传统商贸文化型	市级重点保护村落,清代商业中心,现存寨桥老街,沿河商铺

续表

所在地区	村落名称	所属类型	典型特征
武进区	塘桥村	传统商贸文化型	市级重点保护村落,塘桥老街,清代商贸集镇,留有白塔等建筑
武进区	余巷村	历史名人文化型	市级重点保护村落,抗联名将冯仲云、"生物力学之父"冯元桢、中共谍报专家冯铉、明朝学者、藏书家薛应旂
金坛区	鲁墅村	历史名人文化型	诸葛亮三十二孙、宋代进士诸葛维贤
金坛区	上阮村	生态文化景观型	茅山风景区、上阮现代农业产业园、茅山茶园、江南孔雀园
金坛区	巨村	乡土民俗文化型	国家级非遗项目-巨村舞龙
金坛区	东浦村	乡土民俗文化型	省级非遗项目东浦丝弦、东浦村拳术
溧阳市	沙涨村	历史名人文化型	中国历史文化名村,元代回鹘民族官吏合刺普华
溧阳市	社渚村	乡土民俗文化型	傩文化之乡、傩舞(跳幡神)
溧阳市	深溪岕村	生态文化景观型	南山竹海、深溪岕古松园
溧阳市	水西村	革命历史文化型	江南新四军指挥部旧址

二、常州市传统村落文化资源概况

1. 建筑文化资源

常州传统村落建筑文化资源主要指街巷建筑、古桥古道、庙祠建筑等,街巷建筑一般是传统村落的整体布局和结构形态,由街区、巷落、古建筑、传统民居等构成。焦溪村有省级文保单位焦溪四桥——青龙桥、咸安桥、中市桥和三元桥,横跨在龙溪河上,还有数十处市级历史建筑。杨桥村至今现存约2.7万平方米的明清、民国传统建筑物,杨桥村有南杨桥、庄基桥、谢桥、五洞桥、东西虹桥等6座古桥,市级文保单位有丁家塘丁宅、百岁庄、牧斋院、中共太滆地委新四军南杨桥地下交通站旧址、南杨桥、太平桥等。(表13-2)

表13-2 建筑文化资源一览表

村落	建筑名称	始建年代	建筑类别	保护级别
杨桥村	太平桥	清	功能性建筑	市级文保单位
杨桥村	牧斋院	清	民居建筑	市级文保单位
杨桥村	丁家塘丁宅	清	民居建筑	市级文保单位
杨桥村	百岁庄	民国	民居建筑	市级文保单位
杨桥村	杨桥老街华宅	清	民居建筑	市级历史建筑
杨桥村	杨桥老街胥宅	清	民居建筑	市级历史建筑
杨桥村	洪家大院	明	民居建筑	市级历史建筑

续表

村落	建筑名称	始建年代	建筑类别	保护级别
杨桥村	洪家大院古井	清	功能性建筑	市级历史建筑
杨桥村	杨桥老街2号西堵宅	清	民居建筑	市级历史建筑
杨桥村	杨桥老街8号西民宅	清	民居建筑	市级历史建筑
杨桥村	杨桥老街12号民宅	清	民居建筑	市级历史建筑
杨桥村	杨桥老街19-22号朱宅	清	民居建筑	市级历史建筑
杨桥村	杨桥老街25号南侧民宅	清	民居建筑	市级历史建筑
杨桥村	杨桥老街26-28号民宅	清	民居建筑	市级历史建筑
杨桥村	杨桥老街27号对面朱宅	清	民居建筑	市级历史建筑
杨桥村	杨桥老街39号旁朱宅	清	民居建筑	市级历史建筑
杨桥村	杨桥老街39号朱宅	清	民居建筑	市级历史建筑
杨桥村	杨桥关圣阁	清	功能性建筑	市级历史建筑
杨桥村	杨桥戏楼	清	功能性建筑	市级历史建筑
杨桥村	南杨桥码头	清	功能性建筑	市级历史建筑
杨桥村	南杨桥西南侧民宅	清	民居建筑	市级历史建筑
杨桥村	杨桥桥南新村谢宅	清	民居建筑	市级历史建筑
杨桥村	杨桥桥南新村朱宅	清	民居建筑	市级历史建筑
杨桥村	杨桥桥南新村25-26号民宅	清	民居建筑	市级历史建筑
杨桥村	杨桥桥南新村28号民宅	清	民居建筑	市级历史建筑
杨桥村	前朱家场7—8号朱宅	清	民居建筑	市级历史建筑
杨桥村	杨桥后朱家场朱宅	清	民居建筑	市级历史建筑
杨桥村	西虹桥	新中国成立后	功能性建筑	市级历史建筑
杨桥村	庄基桥	清	功能性建筑	市级历史建筑
焦溪村	焦溪龙溪河古桥群	清	功能性建筑	省级文保单位
焦溪村	强家弄15-17号民宅	清	民居建筑	市级历史建筑
焦溪村	强家弄19-21号民宅	清	民居建筑	市级历史建筑
焦溪村	南街民宅	清	民居建筑	市级历史建筑
焦溪村	南街31-33号民宅	清	民居建筑	市级历史建筑
焦溪村	南下塘113号民宅	民国	民居建筑	市级历史建筑
焦溪村	红星路梁宅	民国	民居建筑	市级历史建筑
焦溪村	红星弄3、9-19号民宅	清	民居建筑	市级历史建筑
焦溪村	仲明中学旧址（现耶稣堂）	民国	功能性建筑	市级历史建筑

续表

村落	建筑名称	始建年代	建筑类别	保护级别
焦溪村	美新照相馆旧址	清	功能性建筑	市级历史建筑
焦溪村	东街37号民宅	民国	民居建筑	市级历史建筑
焦溪村	西河头路民宅	新中国成立初	民居建筑	市级历史建筑
焦溪村	老新街9号民宅	民国	民居建筑	市级历史建筑
焦溪村	老新街25号民宅	民国	民居建筑	市级历史建筑
焦溪村	老新街27号民宅	民国	民居建筑	市级历史建筑
焦溪村	老新街47号民宅	民国	民居建筑	市级历史建筑
焦溪村	老新街49号民宅	民国	民居建筑	市级历史建筑
焦溪村	老新街59号民宅	民国	民居建筑	市级历史建筑
焦溪村	老新街61号民宅	民国	民居建筑	市级历史建筑
焦溪村	老新街63号民宅	民国	民居建筑	市级历史建筑
焦溪村	老新街2号民宅	民国	民居建筑	市级历史建筑
焦溪村	老新街2号西民宅	民国	民居建筑	市级历史建筑
焦溪村	老新街4、6号民宅	民国	民居建筑	市级历史建筑
焦溪村	老新街10号民宅	民国	民居建筑	市级历史建筑
焦溪村	老新街12号民宅	民国	民居建筑	市级历史建筑
焦溪村	老新街14号民宅	民国	民居建筑	市级历史建筑
焦溪村	老新街24、26号民宅	民国	民居建筑	市级历史建筑
焦溪村	六角井	不详	功能性建筑	市级历史建筑
焦溪村	龙缸	不详	——	市级历史建筑
焦溪村	老新街石板路	清	功能性建筑	市级历史建筑
焦溪村	中街石板路	清	功能性建筑	市级历史建筑
焦溪村	南街石板路	清	功能性建筑	市级历史建筑
焦溪村	陆家桥	清	功能性建筑	市级历史建筑
沙涨村	合剌普华墓	元	陵墓建筑	省级文保单位
余巷村	余巷冯氏宗祠	清	功能性建筑	市级文保单位
余巷村	冯仲云故居	清	民居建筑	市级文保单位
余巷村	碧云庵	清	宗教建筑	市级文保单位
余巷村	余巷薛氏宗祠	清	功能性建筑	市级文保单位
余巷村	冯元桢宅	清	民居建筑	市级历史建筑
余巷村	横林薛家前薛宅	清	民居建筑	市级历史建筑

续表

村落	建筑名称	始建年代	建筑类别	保护级别
魏村	渡江桥	清	功能性建筑	市级文保单位
魏村	邮局旧址	民国	功能性建筑	市级历史建筑
魏村	中药店旧址	清末民初	功能性建筑	市级历史建筑
魏村	理发店	民国	功能性建筑	市级历史建筑
魏村	福兴园饭店旧址	民国	功能性建筑	市级历史建筑
魏村	照相馆旧址	民国	功能性建筑	市级历史建筑
魏村	书场	清末民初	功能性建筑	市级历史建筑
魏村	闸北路41、43号民宅	民国	民居建筑	市级历史建筑
魏村	曹氏宗祠	清	功能性建筑	市级历史建筑
鸣凰村	南街张宅	清	民居建筑	市级历史建筑
鸣凰村	兴隆街陆宅	民国	民居建筑	市级历史建筑
鸣凰村	兴隆街民宅	清	民居建筑	市级历史建筑
鸣凰村	西街民宅	清末民初	民居建筑	市级历史建筑
鸣凰村	容天乐老厂房	解放初	功能性建筑	市级历史建筑
塘桥村	白塔	清	宗教建筑	市级文保单位
寨桥村	前黄寨桥民宅	清末民初	民居建筑	市级历史建筑
鲁墅村	始迁祖肇穴之碑	清代	纪念性建筑	市级文保单位
上阮村	薛埠镇上阮土墩墓群	周	陵墓建筑	市级文保单位
东浦村	清代寺庙	清代	宗教建筑	市级文保单位
社渚村	唐井	唐代	功能性建筑	市级文保单位
水西村	新四军江南指挥部旧址	明代	功能性建筑	全国重点文保单位

2. 生态文化资源

传统村落生态文化资源一般指的是传统村落在形成过程中的周边环境资源,如地形、地貌、山川、河流、农田、森林、植被等自然资源和一些生态景观资源。武进焦溪村周边舜山、凤凰山、秦望山、鹤山、石堰山等山脉绵延不绝,东侧有贯通长江、太湖的舜河,村中龙溪河蜿蜒流过,周边街巷沿河而建。杨桥村位于西太湖之滨,锡溧河和东太湖、西太湖的湖水相继穿村而过。魏村地处长江武进段南岸,老街紧邻德胜河。余巷村地处江南水乡,京杭大运河从村南流淌而过。

上阮村位于茅山旅游度假区南麓,自然条件十分优越,水土资源得天独厚,村中有上阮现代农业示范园,花卉苗木种植观赏园、茶叶种植园等。

深溪岕村地处南山腹地,竹海深处,群山环抱,村内终年流淌着一条深深涧溪。村中有五百多年的深溪岕古松园,还有野生香果树群落,优质的山水、田园、湿地、森林等生态资源共同构成了深溪岕村优美的自然环境。

3. 名人文化资源

明代皇帝朱元璋帝师焦丙隐居在焦溪村,焦溪村历史上有鹤峰书院、仲明中学等,培养出众多人才。据统计,焦溪村历史上曾出过进士十余名。著名作家高晓声曾在焦溪村居住四十多年,现存有高晓声故居。

余巷村名人资源丰富,历史上出过许多名人。如明代方志学家薛应旂,东北抗联名将冯仲云,革命家冯铉、冯琦,六院院士冯元桢、摄影师薛伯青等。余巷村现存冯氏宗祠、冯仲云故居、薛氏宗祠等历史遗存。

合剌普华是元代著名回鹘民族官吏,死后葬于沙涨村,现存有合剌普华墓,该墓为内地罕见的古代少数民族官吏大型墓葬,墓前直立文武官石像各两对,武官身披盔甲,手握长剑,文官身穿朝服,手拿朝笏,2002年被列为江苏省重点文物保护单位。

4. 红色文化资源

抗日战争时期,南杨桥是新四军太滆根据地的重要窗口,中共太滆地委就设在杨桥南4里处的邵家祠堂。中共太滆地委为了打破敌人封锁,在南杨桥设立了地下交通站——中共太滆地委新四军南杨桥交通站。

1949年4月21日,解放军第二十八军渡江作战,在常州武进焦溪村舜过山与驻守在此的国民党军展开了一场殊死搏斗,最终全歼刘振为首的国民党四三六团,留下了可歌可泣的英雄事迹。

溧阳市水西村在抗战时期是茅山抗日根据地的指挥中心,是新四军东进北上的基地,留有江南新四军指挥部旧址,陈毅、粟裕等领导人在这里指挥新四军与敌作战。开国中将王必成将军评价水西村:"没有水西村,就没有茅山根据地,就没有东进,就没有苏北根据地,也就没有黄桥战役的胜利!"

5. 民俗文化资源

常州传统村落具有丰富的民俗文化资源,焦溪村非物质文化遗产较为丰富,现有2项国家级、1项省级和2项市级非物质文化遗产项目。焦溪村的常州小热昏、常州宝卷、常州唱春、马灯、龙灯、高跷、风筝等民俗文化,传统饮食文化的有焦溪羊肉、焦溪糟扣肉、脚踏糕、油酥饼等。焦溪村注重饮食文化开发利用,打造了"焦店扣肉""白切羊肉"等一系列饮食民俗文化品牌。(表13-3)

表13-3 民俗文化资源一览表

村落名称	民俗文化资源	类别	非遗级别
杨桥村	杨桥庙会	民俗	省级
	杨桥捻纸	传统美术	市级
	调三十六行	传统舞蹈	市级
	捐轮车	传统体育	市级
	调犟牛	传统舞蹈	市级
	苏东坡"红友酒"酿制技艺	传统技艺	市级
	杨桥头船制作技艺	传统技艺	区级
	杨桥面饺制作技艺	传统技艺	区级

续表

村落名称	民俗文化资源	类别	非遗级别
焦溪村	锡剧	传统戏剧	国家级
	常州小热昏	传统曲艺	国家级
	常州宣卷	传统曲艺	省级
	常州唱春	传统曲艺	省级
	焦店扣肉制作技术	传统技艺	市级
	竹器制作技艺	传统技艺	区级
沙涨村	沙涨村庙会	民俗	未定
	公堂开门	民俗	未定
	跳马灯	传统舞蹈	未定
	清明祭祖	民俗	未定
	舞狮	传统舞蹈	未定
魏村	唱凤凰	传统曲艺	市级
	打莲响	传统舞蹈	区级
	魏村麦秆画	传统美术	区级
鸣凰村	鸣凰周氏皮肤病疗法	传统技艺	区级
	虎头鞋制作技艺	传统技艺	市级
	鸣凰镰刀制作技艺	传统技艺	区级
寨桥村	寨桥折纸技艺	传统技艺	区级
	寨桥老鹅烧制技艺	传统技艺	区级
塘桥村	遥观风筝制作技艺	传统技艺	区级
	遥观鹞灯	传统舞蹈	市级
	宋剑湖的传说	民间文学	区级
余巷村	武进上梁仪式	传统技艺	区级
	太平马灯	传统舞蹈	区级
	掐丝珐琅	传统技艺	市级
鲁墅村	诸葛八阵图村落	文化空间	市级
上阮村	上阮花鼓戏	传统音乐	市级
巨村	直溪巨村舞龙	传统舞蹈	国家级
东浦村	东浦丝弦	传统音乐	省级
社渚村	傩舞(跳幡神)	传统舞蹈	省级

杨桥的传统民俗有杨桥庙会、传统舞蹈有调犟牛,传统美术有杨桥捻纸,传统体育有

捐轮车,传统技艺有苏东坡"红友酒"酿制等,传统饮食有豆炙饼、杨桥面饺等。杨桥庙会是集合民俗文化、集市贸易等为一体的综合性活动,具有十分浓郁的江南传统特色,至今已举办了十一届。"舞龙灯"、"调三十六行"和"调犟牛"等地方特色民俗文化在庙会上进行了充分展示。

傩文化是中华人文始祖文化之一,溧阳社渚傩舞(跳幡神)是一种融合了中原民间祭祀文化与江南农耕宗教文化的民间传统舞蹈,它是汉族傩文化的代表,将汉族的民族服饰、传统舞蹈等融合在一起,形成了独特的民俗文化。

6. 商贸文化资源

常州市焦溪村在清朝和民国时期是常州东门外的商贸重镇,曾有"四河、九桥、六街、十八弄、十一道圈门"之称。焦溪村商贸文化资源丰富,历史上曾经是重要商贸集散地,拥有众多大商家和老字号,涉及米行、典当行、银楼、茶馆、布庄等传统商业。现存有五街:东街、中街、南街、老新街、北新街。还有19处老码头,其中1处横坡码头、1处私家码头、17处直码头。

杨桥村在古代商贾云集、贸易发达,集聚着多家戏院、茶馆、酒店、当铺、寺庙和富商宅院。杨桥现存杨桥北街、南街、东街、桥南西街、桥北西街等五条老街,保存完好的商贸遗存有杨桥戏楼、南杨桥码头等。

魏村已有五百年历史,魏村老街由东街、北街、南街和闸北街组成,占地约1.5平方千米,魏村老街依河而建,临街建筑基本为晚清至民国建筑,商铺排门而建。老街现有邮局旧址、中药店旧址、理发店、福兴园饭店旧址、照相馆旧址、书场等商业遗存。

7. 农耕文化资源

常州拥有悠久的农耕文明史,圩墩遗址中出土了炭化稻米,说明常州圩墩先民们已掌握了原始的水稻栽培技术,稻米已成为当时人们的主要食物来源之一。常州运河闸坝工程主要有京杭大运河,京杭大运河不仅担负着水上运输任务,而且对江南地区农田灌溉有着重要影响,其沿岸成为中国经济较发达的地区。常州地区自古以来是水乡,遍布了诸多闸坝。

春秋战国时期,吴国大夫伍子胥主持开渠沟通,作胥溪等运河。唐肃宗时常州刺史李栖筠在武进江阴界开五渠,以通江流,元和八年常州刺史孟简浚孟渎,成良田四千余顷。这些农田灌溉工程总体来说,有灌溉渠系工程、井灌工程等类型。

(三)常州传统村落文化资源价值分析

1. 历史价值

传统村落一般历史悠久,文化底蕴深厚,历史遗存丰富,承载传统村落历史发展轨迹的众多文物古迹对于研究古村落发展史具有重要历史价值。沙涨村的历史是我国少数民族迁徙中原文化的代表,体现中华民族融合的过程,对于研究中华民族发展和延续具有较高的历史价值。

寨桥旧名蠡塘桥,因明朝大将常遇春长期扎寨于此,遂改名为"寨桥镇",位于镇北的

"蠡塘桥",被改称为"北寨桥"。这对于研究村落发展史具有一定的历史价值。

2. 艺术价值

传统村落中的古建筑风格独特,体现着当地建筑流派的营造风格,是中国古代建筑艺术的结晶,对于研究中国古代建筑艺术具有极高的艺术价值。焦溪村古民居建筑风格独具一格,使用当地舜过山的黄石作为房屋建造原材料,东西山墙用黄石砌筑,形成了黄石半墙的独特建筑风格,这在全国传统村落中是比较少见。这些建筑和传统民居以其独特的建筑文化对于传统建筑的修复、保护和研究具有重要的艺术价值。

焦溪村的三元桥、咸安桥、中市桥和青龙桥,横跨在老街和龙溪河中间,石头砌成的单孔拱桥,造型各不相同,这些建筑都体现了工匠精湛的传统建筑营造技艺,是中国传统建筑艺术的智慧结晶。

3. 社会价值

传统村落是一个传统民居的聚集地和村民生产生活的聚居地,是一个典型的乡村社会集合体。每个不同的传统村落,都代表着不同的乡村社会文化,余巷村是一个传统民居的聚集地和村民生产生活的聚居地,是一个典型的乡村社会集合体,村中冯氏、薛氏、姚氏等宗族构成了不同的社会单元,一个宗族管理着本族的社会事务,体现了以儒家思想为主体的宗族社会文化,对于研究宗族文化具有重要的社会价值。

4. 经济价值

科学、合理地开发传统村落,有利于实现其经济价值,获得良好的经济效益。大量常州传统村落地处农村,经济发展落后,一般都没有进行过开发,因为其具有丰富的自然资源、建筑文化资源、人文资源,对其进行科学合理的开发可以提高村民的收入,改善传统村落居民的生活水平,增加当地的就业机会,实现其经济价值。

5. 旅游价值

传统村落具有丰富的旅游资源,如古建筑、传统民居、民风民俗等,这些都延续了村落的发展脉络,传承了地方民风民俗,体现了鲜明的地域文化特色,具有极高的旅游价值。常州传统村落处于江南水乡,具有典型的"小桥、流水、人家"的江南地域风情,如杨桥村以诗意江南、水墨杨桥著称,焦溪村以千古圣贤文化的美誉,随着人们对乡村文化旅游的热衷,传统村落融合了传统文化与美丽乡村的独特风格,具有一定的旅游价值。

三、常州传统村落文化资源保护和开发困境

(一)保护工作发展不均衡,未形成科学保护制度

常州传统村落科学定级与分级保护管理制度尚未形成,虽然中国历史文化名村和中国传统村落得到了较好的保护,制定了保护规划来加强保护与开发,但是对于其他传统村落缺乏有效保护。

魏村、余巷、塘桥、鸣凰、寨桥等村落保护工作明显不足,魏村虽然制定了《魏村老街

保护与更新规划方案》，但是一直未能实施。由于缺少保护性措施，导致破坏传统村落格局的现象时有发生。

由于经济建设与村民居住环境改善的原因，塘桥村、鸣凰村、寨桥村中大量的古建筑被村民拆除，取而代之的是一些现代建筑，这些现代建筑与传统村落风格迥然不同，严重影响整体村落格局，破坏了传统村落的古朴自然风貌和人文历史氛围。

寨桥老街运河以东的一些传统建筑因为年久失修已成危房，塘桥老街周边建筑风格混杂，很多民居建筑遭到毁坏，有的民居已经坍塌，失去利用价值。鸣凰村虽然保存着一些清、民国时期的传统建筑，但是保护级别仅限于市级历史建筑，没有上升到文保单位的等级，这些建筑缺乏保护资金支持，大量的建筑受环境、气候等因素的影响，自然毁坏后无力维修，处于自然灭亡的境地。

（二）保护和开发经费投入不足，没有进行实质性开发

目前只有获得各级历史文化名村和中国传统村落称号的才会享受中央、省的专项财政支持，其他的传统村落则没有专项保护资金投入，只能靠地方政府的财政支持，由于地方政府资金有限，很难覆盖到一些传统村落。

中国历史文化名村和中国传统村落虽然已经制定了保护与开发规划，但是由于缺乏保护与开发资金，项目一直处于搁置状态。焦溪村在2014年制定了《常州市焦溪历史文化名村保护规划》，2016年又制定了《焦溪中国传统村落保护发展规划》，但是至今保护规划并没有真正实施。杨桥村的旅游开发项目原本由常州市杨桥老街旅游开发有限公司投资，但由于资金缺乏等原因，开发项目至今仍未完成。

常州市十三五旅游业发展规划（2016—2020）把焦溪、杨桥旅游开发项目列入，面向社会招商，至今无人问津。到目前为止，常州市各个传统村落大多处于无序开发状态，缺少相应的旅游开发管理主体，缺乏相应的配套基础设施与公共服务设施，没有形成规模化、产业化旅游开发模式，因此很难打造出具有鲜明地域特色的传统村落旅游品牌。

（三）非物质形态文化资源保护不足，内涵挖掘不深

虽然这15个传统村落的非物质形态的文化资源内容丰富，绚丽多彩，但是对它们的保护与利用程度不够。焦溪村、杨桥村、巨村、东浦村、社渚村的民俗文化资源得到了保护，一些被列入国家、省市级非物质文化遗产保护名录，得到了较好的传承和发展。其他村落的民俗文化资源虽然有的被列入各级非物质文化遗产保护名录，但是保护级别不高。

有的村落非物质形态文化资源保护与开发力度不够，民俗文化没有与现代文化融合，内容比较陈旧，缺乏创新性，无法得到更多民众的认可，处于曲高和寡的状态。一些传统村落的非物质文化遗产项目由于传承方式单一，沿袭着以往的家传与师徒传承方式，导致该项目因为传承人的缺乏面临着失传的境地。

一些传统村落名人文化资源尚未得到有效开发，余巷村以冯氏家族为名门望族，出了很多名人，如东北抗联名将冯仲云等。但是对于这些名人资源开发利用有所不足，只

是简单对名人故居修缮对外开放,却没有深入挖掘这些名人精神思想,在名人精神内涵上下功夫,形成独特的名人文化品牌。

四、常州传统村落文化资源保护与开发的模式

(一) 保护与开发原则

1. 整体性原则

传统村落的自然资源、建筑资源、人文资源等要素有机融合成为一个整体,需要我们整体考虑各个资源之间的关系,不能把他们分离出去保护与开发。自然资源包含的山川、河流、地形、地貌等,建筑资源包含的传统民居、古建筑、古桥古道等,这些都是传统村落文化资源的物质载体,他们与传统村落文化资源的非物质载体如民俗文化等一起构成了传统村落文化资源的有机整体。我们在保护与开发传统村落文化资源时不仅要包括有形的物质文化资源,还要包括无形的非物质文化资源的,形成有形和无形的完整融合。

2. 原真性原则

传统村落文化资源的原真性,就是保护一些传统村落真实的物质载体以及传统生活方式等,传统村落的建筑物是历史真实的见证,这些建筑物经历着岁月的沧桑,反映着当时的历史,不能随意拆除或重建,在修缮这些建筑物的时候,需要保持这些建筑的原真性,坚持"修旧如故,以存其真"的原则。传统村落的自然风貌也要保持其原真性,不能破坏传统村落周边的自然环境,不能建造一些与传统村落不相协调的人造山水风貌。传统村落的人文资源更是不能肆意改变,要保持当地民俗风情的原汁原味,真实再现传统村落的历史原貌。

3. 可持续发展原则

保护与开发传统村落时,要保持生态平衡,遵循生态规律,考虑到当地自然环境的承载力,实现传统村落物质文化资源可持续发展。传统村落的人文资源是珍贵的历史文化遗产,要保护和传承这些非物质文化遗产,使传统村落历史文化深入人心,实现传统村落人文资源的可持续发展。在开发传统村落文化资源时,要把经济可持续发展作为重要抓手,不片面追求短期的经济效益,实现经济与环境可持续协调发展。坚持传统村落社会的可持续发展,留住居民,守住乡愁,保护民俗文化的可持续传承与发展。

4. 地域特色原则

常州传统村落凸显出当地的地域特色,在保护与开发传统村落文化资源时,要坚持彰显地域特色原则。保持江南水乡的"小桥、流水、人家"地域特色,深入挖掘常州地方乡土文化资源,提炼乡土特色文化元素,将当地地域特色风情与传统文化相结合,打造独具地域特色的民俗文化型传统村落。传统民居具有江南典型的粉墙黛瓦的独特风格,在对这些传统民居和古建筑修葺时,要保持其地域建筑风格。

（二）常州传统村落文化资源保护与开发的模式

目前国内的传统村落文化资源保护与开发的成功模式大致可以分为以下几种模式：周庄模式、宏村模式、婺源模式、乌镇模式等。这些传统村落文化资源保护与开发的模式具有一定的代表性，体现着不同地区的传统村落保护与开发的风格，一般都是借助传统村落的自然风光、民居建筑、人文历史、风土人情等要素，开发以旅游观光、乡村休闲、保健养生、生活度假为一体的旅游度假村。

1. 周庄模式

周庄模式主要是凭借独特的水乡资源和历史文化资源以及交通优势取得成功的，苏州周庄以其独特的江南自然风光，丰富的吴文化底蕴，交通便捷的区位优势，成为5A级旅游景区，有着极其丰富的水资源以及绚丽多彩的民俗文化资源，目前已经成为国内古镇古村落保护与开发的经典。

常州焦溪村是中国历史文化名村，有着丰富的山水人文资源，具有"一河、四桥、七街、两巷、十三弄、多圈门"的空间格局，通过挖掘焦溪千年圣贤文化精髓，整合焦溪深厚的历史文化资源，以"古宅、古街、古巷、古弄、古河、古桥"为载体，将其打造成为独具江南水乡特色的文化旅游村。

常州杨桥村是中国传统村落，地处太湖的中心地带，有着三面环水、河巷相依的传统格局，历史悠久的古桥古街，价值重大的文保建筑以及丰富文化底蕴的非物质文化遗产如杨桥庙会等，将其定位为"诗意江南·水墨杨桥"，打造成为国内知名的民俗文化村。

2. 宏村模式

宏村模式主要是凭借其依附在知名旅游景区黄山风景区取得成功的，作为世界文化遗产的宏村，以期风光秀丽的山水空间，巧夺天工的人工意境，厚重的文化内涵，精美绝伦的徽派建筑，淳朴的民风民俗，成为传统村落保护与开发的一大典范。

上阮村位于金坛茅山风景区，茅山有"第一福地，第八洞天"之美誉，有九峰、十九泉、二十六洞、二十八池之胜景，上阮村自然风光秀丽，拥有茅山茶园、江南孔雀园、葡萄园、樱桃园、桃园等生态景观资源。深溪岕村位于国家AAAAA级景区——天目湖南山竹海景区，景区以竹文化和寿文化为主题，坐拥3.5万亩翠竹。深溪岕村前有青龙头，村后有青龙潭，3棵五百多年历史的青檀树位于溪水旁，山脚下有一片五百多年的古松林，还有野生香果树群落，优质的山水、田园、湿地、森林等生态资源共同构成了深溪岕村优美的自然环境。

依托茅山风景区和天目湖南山竹海景区，上阮村和深溪岕村利用优质的自然资源和生态景观资源，深入挖掘村落蕴含的文化内涵，形成多形式、多品种、复合型的旅游产品，打造具有独特魅力的生态旅游品牌。

3. 婺源模式

婺源有着"中国最美乡村"的称号，婺源传统村落的古建筑，是当今中国古建筑保存最多、最完好的地方之一。婺源的乡村旅游在国内取得了成功，目前已经成为国内乡村旅游的成功典范。

余巷村文化底蕴深厚,名人辈出,有明代的方志学家薛应旂,近现代有民族英雄东北抗联名将冯仲云,曾任中共中央对外联络部副部长的冯铉、曾任中共江苏省委和上海市委书记的冯琦、新中国的科学院院士冯顺帧。余巷村拥有市级文保单位冯仲云故居、薛氏宗祠、冯氏宗祠等历史建筑,民俗文化方面代表性的是农耕文化,其中冯氏宗祠藏有大量的传统农耕器具。可以借鉴婺源的成功模式,将余巷村名人资源、农耕文化资源打造成为"田园风光、名人文化、宗祠文化"为主题的江南田园乡村。

4. 乌镇模式

乌镇民俗文化资源丰富,有世界级、国家级、省级、市县级共31项非遗,包含了民俗、传统体育、游艺与杂技,传统手工技艺,民间美术,民间戏曲等多个类型。乌镇景区开发了以"非遗"文化为代表的文化体验式旅游,举办乌镇乌村香市,开展非遗文化展示与体验,如十二节令习俗、三白酒制作、姑嫂饼制作等,让游客参与非遗表演和创作的过程,丰富了丰富了旅游的内涵。

社渚是傩文化之乡,拥有一批如"竹马灯""祠山庙会""冻煞窠""跳幡神""跳五猖""跳观音""跳祠山""祠山舞""关公舞"等非遗项目,建有中国傩文化博物馆、原生态表演舞台、中国傩文化研究基地等。可以依托石屋山风景区优美的自然风光和社渚丰富的历史遗存和名胜古迹如神墩遗址、石屋山铸剑场等,打造傩文化民俗休闲度假区,建造傩文化民俗风情街区、傩文化主题公园,举办傩文化民俗节活动,打造具有地域特色的非物质文化遗产旅游经典景区。

金坛巨村和东浦村历史文化悠久,拥有丰富的民俗文化资源,巨村舞龙是国家级非物质文化遗产,东浦村的东浦丝弦是省级非物质文化遗产。以特色非遗资源为基础,以文化旅游融合发展为方式,深入挖掘非遗内涵,开发个性化、系列化、多样化的非遗体验旅游产品,打造非遗主题文化村。

五、常州传统村落文化资源保护与开发的策略

(一)加强保护法律法规建设,落实保护与开发措施

尽管焦溪村、杨桥村被列入《常州历史文化名城保护条例》的保护名录,但是其他传统村落并未被列入保护名录,建议完善传统村落保护的相应的法律法规,出台《常州市传统村落保护办法》,把更多的传统村落列入保护范围。

相关部门要落实传统村落保护与开发的具体措施,对全市传统村落进行普查登记入册,搜集传统村落的相关资料,建立传统村落档案数据库,及时面向社会公布传统村落的保护名单,明确传统村落保护与开发的具体措施。建立健全传统村落文化资源保护与开发管理机制,成立三级传统村落保护与开发领导小组,落实各部门的责任,做好传统村落的保护性规划,加大对传统村落破坏行为的执法力度,做好传统村落周边环境的整治工

作,完善传统村落的配套设施,加强传统村落的古建筑、传统民居等建筑物的保护力度,科学合理的对传统村落进行保护与开发。制定科学合理的传统村落保护与开发总体规划,分步进行抢救保护和开发利用。

(二)加大保护与开发投资力度,拓展融资渠道

开拓思路,多渠道广泛筹集传统村落文化资源保护与开发的资金,一是争取国家和各级政府专项资金的支持,将更多的传统村落申报成各级历史文化名村和传统村落,以此获得国家财政支持。二是发挥地方政府的主导作用,加大地方政府财政投入力度,要求各级政府把传统村落保护与开发经费纳入财政预算,建立财政投入机制。三是吸引民间资本,采取股份制合作方式,以特许经营方式让一些公司或个人参与传统村落保护与开发中,给予一些公司特别经营权,在法律法规允许的情况下,对传统村落进行保护性开发。四是允许村民以房屋等建筑物入股参与传统村落开发经营,开发公司于房屋主人签订协议,给予村民一定的股份,按股份进行分红,让村民成为经营者。五是针对一些私人产权的文保单位和历史建筑,政府部门在私人产权不变的前提下,实行土地置换等方式,筹措保护资金进行维修。六是设立传统村落专项保护基金,鼓励社会团体和个人对传统村落保护与开发进行资助,拓展传统村落保护与开发融资渠道。

(三)深入挖掘文化资源价值内涵,整合区域文化资源

整合各种资源,将自然资源、建筑资源、人文资源等有机融合在一起,发挥文化资源组合优势。将一些传统村落具有山水风光秀美的自然资源和风格迥异的民居建筑以及底蕴深厚的人文历史资源完美结合,如焦溪村周边有凤凰山、鹤山、舜山、秦望山、石堰山等山脉,东边有舜河,村中有龙溪河,还有大量的历史建筑,呈现典型的江南建筑风格,风格独特,具有与众不同的特色,焦溪的民风民俗如常州宝卷,传统饮食如羊肉、糟扣肉等都是独具地方特色。可以将这些文化资源有机结合在一起,依托这些文化资源,开发一些旅游产品和旅游项目,打造休闲度假于一体的休闲旅游度假村。

深入挖掘名人文化资源,如余巷村的名人资源,依托这些名人资源,挖掘这些名人在历史上的重要事迹,与当地的自然资源和建筑文化资源相结合,开发名人旅游产品,打造国内外知名的名人文化旅游村。

科学保护与开发传统村落的非物质文化遗产,定期开展各类民俗文化演出、民俗文化展览,建设民俗文化体验基地,打造具有地域特色的民俗文化旅游村。

(四)实施文化品牌战略,打造传统村落文化产业集群

大力提升传统村落形象,改善游客满意度。将一些开发前景广阔、回报率高的文化产业项目对外招商引资,运用市场化操作模式,引入大型旅游开发公司前来投资。结合常州传统村落文化资源的特色,积极实施文化品牌战略,打造传统村落具有影响力的文化品牌,扩大常州传统村落知名度和影响力。

积极拓展其他产业,打造文化产业集群,形成文化产业规模效应。大力开发旅游产品,设计适合不同人群的旅游线路,满足不同层次人群的需求。依靠现代科技发展文化创意产业,提高文化产品的附加值,如将焦溪的饮食文化产品进行设计包装,融入现代元素,形成系列旅游食品,打造知名饮食文化品牌。发挥传统村落文化产业集群效应,开发与传统村落文化资源相关的影视作品,把传统村落各种产业集聚起来,形成具有江南地域特征的文化产业集群,促进当地经济稳定增长。

第十四章 苏南传统村落民俗文化资源保护与开发
——以常州市杨桥捻纸为例

传统村落民间美术资源是在长期发展过程中受地域文化影响形成的,它具有鲜明的传统村落地域文化特色,是广大劳动人民在日常生活中创造出来的艺术形式,具有实用性功能和美学价值,作为省级传统美术类非物质文化遗产的杨桥捻纸就是其中之一。

随着时间的推移,这些民间美术资源的发展受到外来文化的影响,逐渐失去了往日的功能和价值,因此在当下对传统村落民间美术资源开展活态保护与开发利用是对中华优秀传统文化的弘扬和继承。杨桥捻纸在2010年成为市级传统美术类非物质文化资源,政府对其进行了保护,但是由于种种原因,杨桥捻纸保护遭遇到瓶颈。

一、杨桥捻纸艺术发展现状

(一)杨桥捻纸概况

捻纸,是中国纸艺中的一个门类,杨桥捻纸艺术的生成、发展源于中国历史上的反清农民武装势力——捻军。据史料记载,捻军每次在对清军作战之前,一般会举行祭天仪式,仪式上用捻纸做出清朝统治者的各种人物造型,然后将这些捻纸用火焚烧,表达捻军对敌作战的决心和勇气。后来一支捻军残部来到苏南,其中朱氏捻子来到中国历史文化名村——常州武进区杨桥村,将捻纸技艺和工艺和一套完整的民间祭祀仪式传承至今。

杨桥捻纸不仅是一个精美绝伦的美术作品,还是集歌舞、乐器、声乐、表演、祭祀等为一体的地方民俗文化。杨桥捻纸的制作工艺复杂繁琐,一般需要经过设计、选材、裁剪、上浆、刮浆、压制、折叠、捻制、拼装组合等10余道工序和工艺。[1]

杨桥捻纸题材广泛,人物造型多样,有以四大名著为蓝本的民间故事类,有以十二生肖、福寿禄字画为蓝本的生活习俗类,有以耕渔农事、迎财神为背景的民间生产习俗类,如"三十六行""打鱼人""调春牛""调财神"等。

---

[1] 用"捻纸"留住文化的记忆[N].武进日报,2011-04-28.

（二）杨桥捻纸的价值内涵

1. 历史价值

杨桥捻纸作为市级传统美术类非物质文化遗产，承载着一定的历史文化，它是在特定历史空间形成的独特民间手工技艺，记录了当时历史场景下人们的生产生活方式，将当地的社会生活、民俗文化、手工技艺等内容通过捻纸艺术的形式予以展现，融合了杨桥村的节日风俗、礼俗文化、信仰禁忌等，通过对杨桥捻纸的研究，可以了解当地的地域文化，认识当地的历史。

2. 美学价值

杨桥捻纸从内容和形式上都体现了一定的美学价值，杨桥捻纸内容丰富多样，展现的是与人们息息相关的生产生活场景，题材新颖，雅俗共赏，体现了杨桥人民对美好生活的向往以及对高尚道德的追求。形式上看，杨桥捻纸线条流畅，颜色明亮，色彩突出，各种鲜艳的颜色代表着不同的气氛，各种不同的线条代表着不同的场景，这些都是杨桥捻纸在长期的实践中发展起来的，具有较高的艺术审美价值。

3. 教育价值

杨桥捻纸具有特殊的教育价值，其本身为捻纸的重要分支，具有民间美术教育价值。杨桥捻纸以其独特的形式和丰富的内容对剪纸和雕塑艺术起到了一定的借鉴价值，捻纸的创作内容上蕴含着厚重的历史文化底蕴，将民俗文化、传统文化融入其中，凝聚着优秀美术作品的艺术风格和文化韵味。杨桥捻纸记载着杨桥人民的生产生活的完整记忆，代表着江南民俗文化的独特风格，承载着中华民族价值内涵，彰显着中国民间艺术的文化特色。

二、杨桥捻纸艺术发展困境

随着时代的发展，杨桥捻纸在传承与发展的过程中遇到了巨大发展瓶颈，年轻人不再热衷于杨桥捻纸传统艺术形式，导致来源于生活的捻纸与公众的生产生活愈来愈远，"杨桥捻纸"不再是一种民间美术的象征性代名词，而变成了一个具有永久记忆性的概念。

（一）文化传承和技艺传承的双重问题

杨桥捻纸一般是用在民众祭祀、丧事、寿宴等活动中，当做供品来使用，捻纸的人要穿上专门的服饰，戴上面具，在火堆前将捻纸焚烧，以示祈祷和辟邪。受现代文化传播的影响，人们的思维方式、生活方式、价值观等发生了巨大改变，人们逐渐忽视身边的传统文化，甚至把捻纸当作是封建迷信的产物。

随着城市化的推进，农村出现了空心化，很少有人再去请捻纸师傅来做这些祭祀仪式，给杨桥捻纸技艺传承造成了严重危机。目前杨桥捻纸是以家族传承为主，传承人已经六十多岁,面临着后继无人的危险境地。据调研,制作一个大型捻纸作品需要几个月的时间,这项工作耗时较多,而且收入不多。这种情况一般年轻人很难接受,他们不愿意接受过时落后并且没有"钱"途的东西,这种民间美术工艺势必随着老一代的传承人逝去而失传。

(二)杨桥捻纸艺术生存环境恶化

杨桥捻纸艺术在传承过程中,由于受到了多元文化与现代文化、现代生活方式的影响,传承发展的形式与特点也变得多样化。由于受到了当今新兴文化产业的影响,杨桥捻纸艺术遭到外来文化的冲击,在当前网络发达的社会,杨桥捻纸的生存环境逐渐恶化,使得捻纸原生环境改变,生存空间逐渐萎缩。

杨桥捻纸起源于杨桥村,与杨桥村地域文化密切相关,是杨桥人民在长期的生活中形成的民间艺术。由于当地人对杨桥捻纸艺术理解的局限性,没有意识到杨桥捻纸是一种群众性的民间艺术,忽略了杨桥捻纸蕴含的丰富地方历史文化内涵,没有深入了解到杨桥捻纸是具有鲜明地域特征的文化符号,导致杨桥捻纸在发展中受到严重阻力。

(三)杨桥捻纸艺术缺乏完善的保护体系

从杨桥捻纸的传承与保护现状来看,杨桥捻纸的传承发展与保护工作尚未完善。杨桥捻纸的传承与保护还是停留在初级阶段,很多人认为杨桥捻纸是在丧葬习俗活动和庆典、祝寿、上梁、乔迁等喜庆活动中使用,不属于艺术品,不具备民间传统艺术价值,不需要去传承和保护。杨桥捻纸在传承和发展过程中,没有形成系统的保护机制,缺乏专门的继承人去管理它,甚至更多的人不去对其采取保护措施。

目前杨桥捻纸只是限于民间自发的保护,杨桥捻纸第 27 代传承人朱琪利用自己的老宅开办了朱琪捻纸手造馆,馆内展出捻纸画 100 多张、脸谱近 30 个。2018 年夏天,由于连日阴雨,导致展馆屋顶倒塌,馆中近 8 平方米的杨桥庙会全景图、捻纸人物画全部毁坏,再加上其他被毁的精品,共计 2 000 余件。据介绍,由于精力有限,这种超大型捻纸画很难再做出来了。

(四)未形成产业化开发模式,缺乏创意和时尚特征

杨桥庙会是杨桥村的民俗文化,每年的杨桥庙会上,杨桥捻纸都会作为一个特色项目进行展示。杨桥捻纸以宣纸为原材料,用手工捻成各种工艺品,只是家庭手工作坊式生产,并没有进行产业化开发,没有形成自己独特的文化品牌。

由于杨桥捻纸起初是为丧葬习俗所使用的,一些作品都是体现着古代的神话怪异之人,现在虽然有了一些改进,随着使用功能的转换,杨桥捻纸在设计上以京剧脸谱、水乡房子、福禄寿挂件等为主,缺乏现代文化气息,缺少文化创意和时尚特征。没有依靠现代科技发展文化创意产业,以此提高文化产品的附加值,导致设计的产品缺乏生动性和趣味性,因此很难吸引更多的人去购买。

三、杨桥捻纸保护与开发的策略

（一）加大宣传力度，运用技术手段进行保护

加大杨桥捻纸保护的宣传力度，开展形式多样的宣传活动，运用现代传播媒介如微信、微博公众号等进行网上宣传，面向公众开展一系列非遗体验活动，组织公众尤其是青少年参与体验杨桥捻纸的制作。通过一系列的宣传方式，让公众形成对杨桥捻纸重要性的认识，调动民众保护杨桥捻纸的积极性，将杨桥捻纸艺术融入日常生活中，在全社会形成一种保护杨桥捻纸的良好氛围。

杨桥捻纸不光要有馆藏式的保护，还要通过动态传承和开放性传播形式对其进行保护。运用现代技术手段，对杨桥捻纸进行数字化保护，将杨桥捻纸的精品通过 3D 扫描之后进行电子化保存，多维度分析其特色和构成要素，对采集的信息进行分类归档。运用视频系统记录杨桥捻纸的制作技艺流程，录制艺人的采访片段，制作杨桥捻纸的形成与发展历程，建立杨桥捻纸数字化保护平台和基础数据库，在此基础上形成分类检索和多媒体传播的应用系统。

（二）创新传承方式，传统艺术与现代融合发展

在杨桥捻纸的传承方式上，要开展多样化的保护方式。传承人不光要沿袭传统的师徒结对的形式进行传授技艺，还要运用多样化的手段进行传承。传承人可以通过免费教授技艺，义卖作品来筹集资金建立传习所，在传习所中建立传承基地，推进"非遗"生产性保护。与学校开展联合培养，编撰校本系列教材，开发课程在线教学，普及杨桥捻纸知识、推广杨桥捻纸技艺，为培养传承人奠定基础。

在杨桥捻纸的表现形式上，将杨桥捻纸中的传统艺术与现代艺术融合发展，把握杨桥捻纸的传统性和现代性，在遵循原有创作手法的基础上有所创新，借鉴现代的艺术表现形式，融合现代艺术元素，将其打造成为高雅艺术，使之更符合现代人的审美眼光。吸收国外现代的艺术手法，融入国外的装饰理念，对杨桥捻纸进行升级和改造，将杨桥捻纸与国外著名旅游景区、知名人物、知名建筑等相联系，创作具有一定艺术价值和鉴赏价值的艺术作品。

（三）大力发展文化创意产业，打造知名捻纸文化品牌

将文化创意产业融入杨桥捻纸的开发中，大力发展文化创意产业。在杨桥村开发捻纸风情文化街，集聚全国各地捻纸艺人，设立捻纸工坊区，工坊区分为捻纸展示区和体验区。各地的捻纸艺人在展示区内展示他们的精湛技艺，捻纸作品要融入现代元素，形成不同风格的捻纸作品，满足不同人群的需求。体验区内为人们提供制作捻纸的全套工具和材料，安排艺人在此指导，让公众体验制作捻纸的乐趣，以此拓展捻纸的体验深度。拓

展捻纸体验项目,形成连锁品牌,向全国各地推广。

在节假日举办捻纸文化节,推出一批制作精良的捻纸作品进行展览,举行融合捻纸元素的服装表演,设立拍卖区对一些大师级的捻纸作品进行售卖,举办捻纸创意设计大赛,发挥社会各界艺术爱好者的聪明才智,共同对捻纸进行创新设计,从而使捻纸不断推陈出新。

将捻纸与动漫相结合,开发具有捻纸地方特色的动漫产品,将捻纸中的人物和故事等通过动漫方式予以表现,通过动漫表现方式,让青少年了解到捻纸艺术的独特魅力,形成对捻纸艺术的无限热爱。

参考文献

一、著作

1. 周岚、朱光亚、张鑑:乡愁的记忆——江苏村落遗产特色和价值研究[M].南京:东南大学出版社,2017.
2. 牛淑萍:文化资源学[M].福州:福建人民出版社,2012.
3. 姚伟钧:文化资源学[M].北京:清华大学出版社,2015.
4. 梁思成.中国古代建筑史绪论[M].北京:中国建筑工业出版社,1986.
5. 王思明、李明、江苏农业文化遗产调查研究[M].北京:中国农业科学技术出版社,2011.
6. 王思明、李明:中国农业文化遗产研究[M].北京:中国农业科学技术出版社,2015.
7. 刘馨秋:中国传统村落记忆(江苏卷)[M].北京:中国农业科学技术出版社,2018.
8. 赵勇.中国历史文化名镇名村保护理论与方法[M].北京:中国建筑工业出版社,2008.
9. 雇李:皖南传统村落的遗产价值及其保护机制[M].南京:东南大学出版社,2019.
10. 周建明:中国传统村落——保护与发展[M].北京:中国建筑工业出版社,2014.
11. 冯骥才:中国传统村落立档调查[M].北京:文化艺术出版社,2014.
12. 陈光庆、夏军:江苏古村落[M].南京:南京出版社,2016.
13. 刘沛林:古镇名村遗产保护与旅游开发[M].北京:现代教育出版社,2007.
14. 苏州市规划局:苏州古村落保护规划[M].上海:同济大学出版社,2008.
15. 李立:乡村聚落:形态、类型与演变——以江南地区为例[M].南京:东南大学出版社,2007.
16. 陈吉元:当代中国的村庄经济与村落文化[M].太原:山西经济出版社,1996.
17. 费孝通:乡土中国·生育制度·乡土重建[M].北京:商务印书馆,2015.
18. 胡彬彬、吴灿:中国传统村落文化概论[M].北京:中国社会科学出版社,2018.
19. 俞绳方.苏州古城保护及其历史文化价值[M].西安:陕西人民教育出版社,2007.
20. 徐民苏.苏州民居[M].北京:中国建筑工业出版社,1991.
21. 崔晋余.苏州香山帮建筑[M].北京:中国建筑工业出版社,2004.
22. 苏州市吴中区西山镇志编纂委员会.西山镇志[M].苏州:苏州大学出版社,2001.
23. 沈炳荣.东山镇志[M].南京:东南大学出版社,2002.
24. 徐耀新.精彩江苏·历史文化名城名镇名村系列[M].南京:江苏人民出版社,2017.
25. 中共江苏省委党史工作办公室.江苏省革命遗址通览[M].北京:中共党史出版社,2014.
26. 阮仪三.城市遗产保护论[M].上海:上海科学技术出版社,2007.
27. 段进,季松,王海宁.城镇空间解析——太湖流域古镇空间结构与形态[M].北京:中国建筑工业出版社,2002.

28. 刘石吉.明清时代江南市镇研究[M].北京:中国社会科学出版社,1987.
29. 胡彬彬、李向军、王晓波.中国传统村落保护调查报告(2017)[M].北京:社会科学文献出版社,2017.
30. 杨振之.旅游资源开发与规划[M].四川大学出版社,2002.
31. 刘沛林.古村落:和谐的人居空间[M].上海:上海三联书店,1997.
32. 李天元.旅游学(第五版)[M].天津:南开大学出版社,2003.
33. 彭一刚.传统村镇聚落景观分析[M].北京:中国建筑工业出版社,1992.
34. 张松.历史城市保护学导论(第二版)[M].上海:同济大学出版社,2008.
35. 方明,薛玉峰,熊艳.历史文化村镇继承与发展指南[M].北京:中国社会出版社,2006.
36. 朱晓明.一个皖南古村落的历史与现实[M].上海:同济大学出版社,2010.
37. 刘沛林.正在消失的中国古文明——古村落[M].北京:国家行政学院出版社,2012.
38. 祁嘉华.营造的初心:传统村落的文化思考[M].北京:中国建材工业出版社,2018.
39. 姜晓萍.中国传统建筑艺术[M].重庆:西南师范大学出版社,1998.
40. 冯年华.乡村旅游文化学[M].北京:经济科学出版社,2011.
41. 汪欣.传统村落与非物质文化遗产保护研究[M].北京:知识产权出版社,2014.

二、论文

1. 陈传金.古村落资源分类与评价体系研究[D].南昌大学,2008.
2. 骆小龙.苏州市古村落保护与发展模式研究[D].苏州科技学院,2012.
3. 潘彩霞.苏州古村落旅游开发策略研究[D].苏州科技学院,2011.
4. 张园.苏州西山明月湾古村落研究[D].苏州大学,2008.
5. 刘华领.可作为文化遗产的古村落保护与旅游开发研究[D].华中科技大学,2004.
6. 陈苑.快速乡村城镇化背景下的古村落保护——以江南水乡古村李市为例[D].东南大学,2008.
7. 阮仪三.文化遗产保护的原真性原则[J].同济大学学报(社会科学版),2003(2).
8. 阮仪三.江南水乡古镇的保护与合理发展[J].城市规划学刊,2008(5).
9. 仇保兴.历史文化名镇名村保护的迫切性[J].中国名城,2011(2).
10. 吴良镛.文化遗产保护与文化环境创造[J].城市规划,2007(8).
11. 冯骥才.传统村落的困境与出路——兼谈传统村落类文化遗产[N].人民日报,2012-12-7.
12. 史可.江苏国家级传统村落保护研究[D].南京师范大学,2017.
13. 刘馨秋、王思明.中国传统村落保护的困境与出路[J].中国农史,2015(4):99-110.
14. 朱光亚.江苏村落建筑遗产的特色和价值[J].江苏建设,2016(1):12-20.
15. 张园.苏州西山明月湾古村落研究[D].苏州大学,2008.
16. 王兰.苏州东山陆巷古村落研究[D].苏州大学,2012.
17. 张玉柱.苏州古村落群吴文化保护与利用研究[D].苏州科技学院,2014.
18. 张海天.东山镇杨湾古村落景观与保护研究[D].北京林业大学,2014.
19. 钱岑.苏南传统聚落建筑构造及其特征研究[D].江南大学,2014.
20. 掌少波.常熟地区传统村落空间形态演变研究[D].南京林业大学,2010.
21. 王浩.生态文明建设背景下常州传统村落文化资源保护与开发的策略研究[J].人文天下,2017(17):45-50.
22. 桂胜、腾跃.乡村振兴视野下传统村落民俗文化的传承模式[J].华南师范大学学报(社会科学版),

2019(1):19-21,189.

23. 朱霞,罗迪.民俗文化保护视角下传统村落旅游规划策略研究[J].华中建筑,2018(7):112-115.

24. 赵宗福.论青海湖的文化资源与文化特征[J].青海民族研究,2018(2):73-78.

25. 冯昆思.试论云南历史名人旅游资源及其保护与开发[D].中央民族大学,2003.

26. 冯小叶.山东省历史名人资源的旅游开发研究[D].山东大学,2005.

27. 胡炎莉.临沂历史名人文化资源的产业化开发[D].山东大学,2010.

28. 王光辉.历史名人文化旅游资源评价体系的重构及实证研究[D].福建师范大学,2009.

29. 姜成勇.无锡市民族工商业遗产旅游开发研究[D].江南大学,2008.

30. 王浩.美丽乡村建设背景下红色文化遗产旅游价值开发利用研究——以常州为例[J].领导之友,2017(1):75-80.

31. 冯骥才.保护传统村落是"惊天"行动[J].新城乡,2014(9):32-33.

32. 冯骥才.亟须加强对古村落文化的保护[J].农村工作通讯,2011(9):34.

33. 汪瑞霞.传统村落的文化生态及其价值重塑——以江南传统村落为中心[J].江苏社会科学,2019(4):213-223.

34. 王浩.美丽乡村建设背景下苏南传统村落地域文化资源保护与开发——以常州为例[J].黄河科技学院学报,2019(4):89-93.

35. 晋夜.南京江宁杨柳村空间形态重塑研究[D].南京工业大学,2014.

36. 张伟,杜臻.传统村落保护初探——以无锡礼社村为个案[J].江苏地方志,2013(6):51-54.

37. 王勇,周雪,李广斌.苏南不同类型传统村落乡村性评价及特征研究——基于苏州12个传统村落的调查[J].地理研究,2019(6):1311-1321.

38. 柏杨.苏州市东西山传统村落空间模式研究[D].苏州科技大学,2017.

39. 沈晖.苏州传统村落适应性保护研究[D].苏州科技大学,2017.

40. 阳建强.江南水乡古村的保护与发展——以常熟古村李市为例[J].城市规划,2009(7):88-91,96.

41. 胡彬彬.我国传统村落及其文化遗存现状与保护思考[N].光明日报,2012-01-15(07).

42. 张海天.东山镇杨湾古村落景观与保护研究[D].北京林业大学,2014.

43. 王小明.传统村落价值认定与整体性保护的实践和思考.西南民族大学学报:人文社会科学版,2013(2):156-160.

44. 胡幸福,胡静.旅游影响下古村落文化嬗变评价体系的构建[J].天津大学学报(社会科学版),2011(4):312-315.

45. 唐盈,王思明.江苏省传统村落调研报告[J].中国民族博览,2016(3):9-11.

46. 尹超,姜劲松.江苏省古村落保护与实施状况分析[J].小城镇建设,2010(7):86-92.

47. 薛利华.苏州东山的氏族与古村落[J].江苏地方志,2005(2):25-28.

后　记

经过三年多的努力,《美丽乡村建设背景下苏南传统村落文化资源保护与开发》一书终于完成。

2013年以来,我一直致力于传统村落的保护与利用方面的研究,先后主持了市社科一般资助项目、江苏省高校哲学社会科学基金项目、教育部人文社科青年基金项目,从市级课题到教育部课题,始终围绕江苏传统村落的保护与开发这个主题,随着研究的不断深入,也取得了丰硕的研究成果。

研究过程中,得到了诸多专家学者的帮助,为我提供了大量的资料和研究建议,在调研过程中也得到了当地政府和职能部门的支持和帮助,在此一并表示感谢。

本书在写作过程中参考了大量的国内外相关文献,借鉴了许多前人的研究成果,并尽量在本书中予以标注或在参考文献中列出,如仍有遗漏,敬请原谅并致歉,在此一并表示衷心的感谢。

本书从写作到出版,时间有限,错漏在所难免,希望读者予以谅解。

王　浩

2019年8月